ONLINE-UNTERNEHMERTUM.

SERIE:

REICHTUM FÜR DAS NEUE JAHR.

ONLINE-UNTERNEHMERTUM

Serie " Reichtum für das neue Jahr "
von: D.K. Hawkins
Version 1.1 ~Dezember 2021
Veröffentlicht von D.K. Hawkins bei KDP
Copyright ©2021 by D.K. Hawkins. Alle Rechte vorbehalten.

Kein Teil dieser Publikation darf ohne vorherige schriftliche Genehmigung der Herausgeber in irgendeiner Form oder mit irgendwelchen Mitteln, einschließlich Fotokopien, Aufzeichnungen oder anderer elektronischer oder mechanischer Methoden oder durch ein Informationsspeicher- oder -abrufsystem, vervielfältigt, verbreitet oder übertragen werden, mit Ausnahme sehr kurzer Zitate in kritischen Rezensionen und bestimmter anderer nichtkommerzieller Verwendungen, die nach dem Urheberrecht zulässig sind.

Alle Rechte vorbehalten, einschließlich des Rechts auf vollständige oder teilweise Vervielfältigung in jeder Form.

Alle Angaben in diesem Buch wurden sorgfältig recherchiert und auf ihre sachliche Richtigkeit überprüft. Der Autor und der Herausgeber übernehmen jedoch keine Garantie, weder ausdrücklich noch stillschweigend, dass die hierin enthaltenen Informationen für jede Person, jede Situation oder jeden Zweck geeignet sind, und übernehmen keine Verantwortung für Fehler oder Auslassungen.

Der Leser übernimmt das Risiko und die volle Verantwortung für alle Handlungen. Der Autor kann nicht für Verluste oder Schäden verantwortlich gemacht werden, die sich aus den in diesem Buch enthaltenen Informationen ergeben könnten.

Alle Bilder sind frei verwendbar oder von Stockfoto-Websites erworben oder lizenzfrei für die kommerzielle Nutzung. Ich habe mich bei der Erstellung dieses Buches auf meine eigenen Beobachtungen sowie auf viele verschiedene Quellen gestützt, und ich habe mein Bestes getan, um die Fakten zu überprüfen und die Quellen zu nennen, wo es angebracht ist. Sollte Material ohne entsprechende Erlaubnis verwendet worden sein, kontaktieren Sie mich bitte, damit das Versehen korrigiert werden kann.

Die in diesem Buch enthaltenen Informationen dienen nur zu Informationszwecken und sind nicht als Quelle für Ratschläge oder Kreditanalysen in Bezug auf das dargestellte Material gedacht. Die in diesem Buch enthaltenen Informationen und/oder Dokumente stellen keine Rechts- oder Finanzberatung dar und sollten niemals ohne vorherige Rücksprache mit einem Finanzfachmann verwendet werden, um festzustellen, was für Ihre individuellen Bedürfnisse am besten geeignet ist.

Der Herausgeber und der Autor geben keine Garantie oder andere Versprechen hinsichtlich der Ergebnisse, die durch die Verwendung des Inhalts dieses Buches erzielt werden können. Sie sollten niemals eine Anlageentscheidung treffen, ohne vorher Ihren eigenen Finanzberater zu konsultieren und Ihre eigenen Nachforschungen und Sorgfaltsprüfungen durchzuführen. Soweit gesetzlich zulässig, lehnen der Herausgeber und der Autor jegliche Haftung für den Fall ab, dass sich die in diesem Buch enthaltenen Informationen, Kommentare, Analysen, Meinungen, Ratschläge und/oder Empfehlungen als ungenau, unvollständig oder unzuverlässig erweisen oder zu Investitions- oder anderen Verlusten führen.

Der in diesem Buch enthaltene oder zur Verfügung gestellte Inhalt stellt keine Rechts- oder Anlageberatung dar, und es wird keine Beziehung zwischen Anwalt und Mandant begründet. Der Herausgeber und der Autor stellen dieses Buch und seinen Inhalt auf der Basis "wie besehen" zur Verfügung. Die Nutzung der Informationen in diesem Buch erfolgt auf eigene Gefahr.

Inhalt

Einführung: 8

Kapitel no.1 11

Einführung in das Online-Unternehmertum. 11

Was ist ein Online-Unternehmer? 11

Was macht ein Online-Unternehmer? 12

Tipps für Jungunternehmer. 12

Kapitel no.2 21

Wie man ein Online-Unternehmer wird. 21

Finanzielle Stabilität gewährleisten. 22

Vielfältige Qualifikationen aufbauen. 22

Inhalte über mehrere Kanäle konsumieren. 23

Identifizieren Sie ein zu lösendes Problem. 24

Lösen Sie dieses Problem. 24

Netzwerken wie verrückt. 25

Mit gutem Beispiel vorangehen. 26

Finanzierung des Unternehmertums. 26

Ressourcen für Unternehmerinnen und Unternehmer. 27

Kapitel no.3 30

Merkmale von Online-Unternehmern. 30

1. Vielseitig. 31
2. Flexibel. 32
   3. Geldgeilheit. 33
   4. Unverwüstlich. 34

5. Fokussiert. 34
6. Business Smart. 34
    7. Kommunikatoren. 35
Wie Unternehmertum der Wirtschaft hilft......................38
Kapitel no.4 40
Wie man ein Online-Unternehmer wird. 40
Fähigkeiten als Online-Unternehmer.............................43
Gehälter und Berufsaussichten für Online-Unternehmer....46
Kapitel no.5 47
Erfolgreiche Online-Unternehmerin. 47

- Verstehen Sie Ihr "Warum " 48
- Geben Sie Ihren Vollzeitjob nicht auf... noch nicht. 49
2. Eine Geschäftsidee, die zu Ihrem Lebensstil passt........50
- Unterwegs lernen. 53
- Jetzt loslegen..54
- Erstellen Sie einen Plan und halten Sie ihn ein.55
- Tun Sie Ihr Bestes, um hart zu arbeiten. 56
- Scheuen Sie sich nicht, mit neuen Dingen zu experimentieren. 56
- Kurzfristige Ziele setzen..57
- Scheuen Sie sich nicht, sich für eine Investition zu entscheiden. 58
- Reinvestieren Sie Gewinne aus Ihrem Unternehmen. 58

Kapitel no.6 60
Unternehmer werden ohne Geld und Erfahrung................60

Wie man Unternehmer wird. 60

    4. Etwas schaffen, das besser (oder billiger) ist als das, was es gibt. 64

    6. Beginnen Sie mit einer minimal rentablen Produktion (MRP). 67

    7. Entwicklung einer Geschäftsstrategie. 68

Wie man einen Gründer oder Mitgründer findet. 71

Wie man Fördermittel erhält. 72

    7. Sie können ein Mikrodarlehen erhalten. 75

Wie Sie Ihr Unternehmen gründen. 76

Die Vorteile der Eingliederung. 76

Die Nachteile der Eingliederung. 78

    Netzwerke unterstützen. 81

Kapitel no.7 83

The path to becoming an entrepreneur is not easy, but it is incredibly satisfying. 83

Was ist Online Business? 83

    Die Nachteile des Online-Geschäfts. 88

Unterschiede zwischen E-Business und traditionellem Geschäft. 91

Kapitel no.8 96

Verstehen Sie den Betrieb eines Online-Geschäfts. 96

Schaffen Sie eine klare Unternehmensvision. 98

Erstellen Sie den Geschäftsplan. 99

Erstellen Sie den Shop, den Sie möchten Online Shop erstellen. 101

Werben Sie für Ihr Online-Dessous-Geschäft. 102

Die E-Business-Risiken. 102
Fragen für Unternehmerinnen und Unternehmer..............105
Schlussfolgerung: 109

Einführung:

Unter Unternehmertum versteht man den Prozess der Gründung eines Unternehmens. Unternehmer sind in der Regel Pioniere und Innovatoren von innovativen Ideen, Produktlösungen oder Geschäftsverfahren. Unternehmer sind für die Wirtschaft unverzichtbar, da sie über die Fähigkeit verfügen, Anforderungen vorauszusehen und innovative Ideen auf den Markt zu bringen. Unternehmer gründen ein neues Unternehmen, gehen das größte Risiko ein und ernten die größten Gewinne. Der Unternehmer, dem es gelingt, das Risiko der Unternehmensgründung auf sich zu nehmen, wird mit Geld, Ruhm, Anerkennung und dem Potenzial für kontinuierliche Expansion belohnt. Ein Scheitern des Unternehmers kann zu Verlusten und einer geringeren Sichtbarkeit auf dem Markt für die Beteiligten führen.

- Ein Unternehmer macht eine neue Geschäftsidee.
- Er baut ein Unternehmen auf, um seine Idee umzusetzen, das Geld und Arbeitskräfte bündelt, um Waren oder Dienstleistungen mit Gewinn zu produzieren.
- Unternehmertum ist risikoreich, kann aber auch sehr lohnend sein, da es zu wirtschaftlichem Reichtum, Wachstum und Innovation beiträgt.
- Für Unternehmer ist die Sicherung der Finanzierung von entscheidender Bedeutung: Zu den Finanzierungsmöglichkeiten gehören SBA-Kredite und Crowdfunding.

- Die Form ihres Unternehmens bestimmt die Art und Weise, wie Unternehmer Steuern einreichen und zahlen.

Unternehmertum ist eine der vier Ressourcen, die nach der Definition der Wirtschaftswissenschaften für die Produktion erforderlich sind: Land/natürliche Ressourcen, Arbeit und Kapital. Um Dinge zu entwickeln oder Dienstleistungen zu erbringen, kombiniert ein Unternehmer die ersten drei von ihnen. Er entwirft in der Regel eine Unternehmensstrategie, stellt Personal ein, beschafft Ressourcen und Finanzmittel und überwacht den Betrieb.

Die Begriffe "Unternehmer" und "Unternehmertum" sind von den Wirtschaftswissenschaftlern nicht einheitlich definiert worden (der Begriff "Unternehmer" leitet sich vom französischen Verb entreprendre ab, was "übernehmen" bedeutet). Obwohl es die Idee des Unternehmers schon seit den Anfängen gibt, haben die klassischen und neoklassischen Wirtschaftswissenschaftler Unternehmer nicht in ihre formalen Modelle aufgenommen, weil sie davon ausgingen, dass vollkommen rationale Menschen über alle Informationen verfügen würden, so dass kein Raum für Risiken und Entdeckungen bliebe. Erst um die Mitte des 20. Jahrhunderts versuchten die Ökonomen, das Unternehmertum in ihre Modelle einzubeziehen. Die Einbeziehung des Unternehmertums ist drei Vordenkern zu verdanken: Joseph Schumpeter, Frank Knight und Israel Kirzner. Schumpeter behauptete, dass nicht nur Unternehmen, sondern auch Unternehmer in ihrem Streben nach Profit für die Erfindung neuer Produkte verantwortlich seien. Knight sagte, sie seien die Träger der Unsicherheit und verantwortlich für die risikoangepassten Preise auf den Finanzmärkten. Nach Kirzner ist es ein Verfahren, das zur Entdeckung führt.

Kapitel no.1

Einführung in das Online-Unternehmertum.

Das Unternehmertum ist ein faszinierendes Ziel für viele Menschen, die eine größere Kontrolle über ihre berufliche Laufbahn und mehr Flexibilität anstreben. Durch den elektronischen Handel und andere digitale Kanäle ist dieses Ziel dank des technologischen Fortschritts für Unternehmen aller Größenordnungen leichter erreichbar geworden. Wenn Sie mit dem Gedanken spielen, Ihr eigenes Online-Unternehmen zu gründen, sollten Sie sich über die notwendigen Schritte informieren. In diesem Beitrag erfahren Sie, was ein Online-Unternehmer ist, was er tut, wie man einer wird und welche Fähigkeiten er braucht.

Was ist ein Online-Unternehmer?

Ein Online-Unternehmer ist ein Firmeninhaber, der sein Unternehmen ausschließlich online betreibt. Wie andere Unternehmer auch, gehen sie häufig finanzielle oder andere persönliche Risiken ein, um ihr eigenes Unternehmen zu gründen. Um Artikel oder Dienstleistungen zu verkaufen, können Online-Unternehmer eine Vielzahl von Geschäftsmodellen anwenden. Hier sind einige Beispiele von Online-Unternehmern:

- Blogger
- Ersteller von Inhalten
- Inhaber von E-Commerce-Seiten
- Online-Berater

Was macht ein Online-Unternehmer?

Je nach Arbeitsbereich und Zielsetzung im Berufsleben könnten die täglichen Aktivitäten Folgendes umfassen:

- Beantwortung von E-Mails oder Schreiben von Briefen
- Aktualisierung von Website-Inhalten
- Schreiben von Blogs oder Artikeln
- Kontaktaufnahme mit aktuellen und potenziellen Kunden
- Kontaktaufnahme mit Anbietern, wie

Tipps für Jungunternehmer.

Einige Hinweise, die Ihnen als Jungunternehmer zum Erfolg verhelfen:

1. Besuchen Sie Wirtschaftskurse.

Belegen Sie Buchhaltungs-, Wirtschafts- oder Geschäftskurse, während Sie Ihren Highschool-Abschluss oder GED machen. Diese Kurse vermitteln Ihnen ein Verständnis für die Grundlagen der Gründung eines eigenen Unternehmens.

2. Recherche von Hochschulprogrammen.

Jungunternehmer profitieren von einem Hochschulabschluss, denn zahlreiche Studiengänge vermitteln fundierte Kenntnisse über die Gründung eines Unternehmens. Das College kann Ihnen auch die Möglichkeit bieten, ein Fachstudium oder ein Praktikum in einem Interessengebiet zu absolvieren, wodurch Sie noch mehr Geschäftserfahrung sammeln können.

3. Webinare ansehen.

Webinare sind eine hervorragende Möglichkeit für neue Unternehmer, etwas über die Geschäftswelt zu erfahren. Erfolgreiche Unternehmer geben häufig Webinare, um Ratschläge zu erteilen und Fragen darüber zu beantworten, wie sie ihr Unternehmen auf die Beine gestellt haben. Machen Sie sich Notizen, wenn Sie Webinare ansehen, damit Sie sie als Ressource nutzen können, wenn Sie Ihr eigenes Unternehmen gründen.

4. Planen Sie, wie Sie Kapital beschaffen können.

Jungunternehmer bemühen sich in der Regel um die Beschaffung von Geld, da sie möglicherweise nicht über die Mittel verfügen, um ihr Unternehmen mit eigenen Mitteln zu gründen. Jungunternehmer können auf verschiedene Weise Geld für ihr Unternehmen auftreiben, z. B. durch die Organisation einer Spendenaktion, die Beantragung eines Geschäftskredits oder die Gewährung eines Zuschusses.

5. Einen Haushalt aufstellen.

Da viele Jungunternehmer ihr Unternehmen mit wenig Geld oder kleinen Krediten gründen, müssen Sie ein Budget erstellen, das Sie auch einhalten können. Sie können jemanden beauftragen, Ihnen bei der Erstellung eines Budgets zu helfen, oder Sie können es selbst tun, indem Sie Ihre Ausgaben aufschreiben und ein Budget erstellen. Nehmen Sie sich bei der Erstellung des Budgets die Zeit, Ihre Kosten und Kreditzinsen zu bewerten.

6. **Arbeit tun, die man mag.**

Wenn Sie ein Unternehmen gründen, für das Sie sich begeistern, können Sie motiviert bleiben, die Arbeit zu erledigen. Wenn Sie sich zum Beispiel für das Gesundheitswesen begeistern, könnten Sie eine App entwickeln, die Menschen mit den Ressourcen und Ärzten verbindet, die sie brauchen.

7. Glaube an dich selbst.

Als Jungunternehmer ist es wichtig, dass Sie an Ihr Unternehmen glauben und davon überzeugt sind, dass es erfolgreich sein wird. Selbstbewusste Jungunternehmer sind eher bereit, Risiken einzugehen, die ihnen zum Erfolg verhelfen. Es ist wichtig, Vertrauen in sich selbst und Ihr Unternehmen auszustrahlen, wenn Sie mit Investoren und Geschäftspartnern zusammentreffen, die mehr Erfahrung haben als Sie, denn das kann Ihnen helfen, deren Unterstützung zu erhalten.

8. Gründung eines Unternehmerclubs.

Um andere Jungunternehmer zu treffen, sollten Sie an Ihrer Schule einen Unternehmerclub gründen. Sie können Aktivitäten planen, um betriebswirtschaftliche Kenntnisse zu vermitteln, Referenten einladen, die Vorträge zum Thema Unternehmertum halten, oder Ideen für neue Unternehmen sammeln.

9. Vernetzung mit anderen Jungunternehmern.

Die Vernetzung mit anderen Jungunternehmern kann Ihnen helfen, Ihre Unternehmensbeziehungen auszubauen und Zugang zu mehr Möglichkeiten zu erhalten. Bemühen Sie sich, mit so vielen jungen Unternehmern wie möglich in Kontakt zu treten, um Ihre Erfolgschancen zu erhöhen. Treten Sie Organisationen bei und nutzen Sie Social-Media-Plattformen, um sich mit anderen Unternehmern der gleichen Altersgruppe zu vernetzen.

10. Untersuchung realistischer Zeitpläne für das Wachstum.

Es ist wichtig, dass Sie eine realistische Vorstellung davon haben, wie lange Sie für die Expansion Ihres Unternehmens brauchen werden. Die Gründung eines Unternehmens kann je nach Branche ein paar Monate bis mehrere Jahre dauern. Um den Zeitplan für das Wachstum Ihres Unternehmens besser zu verstehen, sollten Sie recherchieren, wie lange das Wachstum ähnlicher Unternehmen gedauert hat.

11. Stellen Sie sich Ihr Traumunternehmen vor.

Überlegen Sie, welche Botschaft Sie aussenden wollen, wie groß Ihr Unternehmen ist und welchen Nutzen Sie den Menschen bieten können. Die Vorstellung Ihres idealen Unternehmens kann Ihnen helfen, Ihre kurz- und langfristigen Ziele festzulegen. Wenn Ihr Traumunternehmen mehr als 100 Mitarbeiter beschäftigt, können Sie sich zum Beispiel das kurzfristige Ziel setzen, in den ersten zwei Jahren zehn Mitarbeiter einzustellen, um Ihr langfristiges Ziel zu erreichen, mehr Mitarbeiter einzustellen.

12. Denken Sie über Ihren idealen Lebensstil nach.

Wenn Sie als Jungunternehmer ein Unternehmen gründen, ist es wichtig, Ihren idealen Lebensstil im Auge zu behalten. Überlegen Sie sich wichtige Lebensentscheidungen, die sich auf Ihr Unternehmen auswirken können, z. B. wo Sie leben wollen, wie viel Geld Sie verdienen wollen und ob Sie eine Familie gründen wollen oder nicht.

13. Vertrauen in den Prozess.

Als neuer Unternehmer sind Sie vielleicht begierig darauf, Ihr Unternehmen zu vergrößern. Bedenken Sie jedoch, dass die Gründung eines Unternehmens ein mehrstufiger Prozess ist, bei dem die Beschaffung von Geld, die Gewinnung von Kunden und die Vermarktung Ihres Unternehmens Monate dauern können. Während des Wachstumsprozesses können Sie jede freie Zeit nutzen, um sich auf Ihre Ziele zu konzentrieren und sicherzustellen, dass alles reibungslos funktioniert.

14. Schreiben Sie einen 10-Jahres-Plan.

Die Erstellung eines 10-Jahres-Plans ermöglicht es Ihnen, Ihre Ziele zu visualisieren und Aktionsschritte festzulegen, die Sie beim Wachstum Ihres Unternehmens unterstützen, und zu sehen, was Sie jetzt tun können, damit Ihr Unternehmen in der Zukunft floriert. Setzen Sie sich hin und schreiben Sie auf, wo Sie mit Ihrem Unternehmen in zehn Jahren stehen wollen, und legen Sie dann Schritte fest, wie Sie dorthin gelangen werden.

15. Nehmen Sie sich Zeit.

Da der Aufbau eines Unternehmens in der Regel viel Zeit in Anspruch nimmt, sollten Sie sich Zeit nehmen und den Prozess nicht überstürzen. Wenn Sie sich Zeit nehmen, können Sie kostspielige Fehler und Stress vermeiden.

16. Ein starkes Team aufbauen.

Es ist wichtig, dass Sie sich mit einem soliden Team von Spezialisten umgeben, die Ihre Begeisterung und Entschlossenheit teilen. Wenn Sie sich mit einer Gruppe von Menschen umgeben, die Ihre Ziele teilen, können Sie produktiver sein und eine positivere Arbeitsatmosphäre schaffen. Sie können verschiedene Rollen spielen, z. B. als Finanzberater, der die Finanzen Ihres Unternehmens verwaltet, oder als Marketingberater, der sich um das Marketing Ihres Unternehmens kümmert.

17. Lernen Sie aus Ihren Fehlern.

Es ist normal, dass ein neuer Unternehmer bei der Gründung eines Unternehmens Fehler macht. Lassen Sie sich von Ihren Fehlern nicht entmutigen, sondern sehen Sie sie als Lernchance. Erinnern Sie sich an die Ursache des Fehlers, damit Sie ihn nicht noch einmal begehen.

18. Befragung von Geschäftsinhabern.

Andere Unternehmer können Ihnen vielleicht hilfreiche Ratschläge für die Gründung Ihres eigenen Unternehmens geben. Erfahrene Unternehmer können Anekdoten über ihre Erfahrungen bei der Gründung eines Unternehmens erzählen, über Fehler berichten, die sie gemacht haben, ihre Ziele erklären und die Maßnahmen aufzeigen, die sie ergriffen haben, um ihr Unternehmen erfolgreich zu machen.

19. Bitten Sie darum, einen Unternehmer zu beschatten.

Wenn Sie einen Unternehmer beschatten, können Sie beobachten, wie ein Unternehmen funktioniert und wie ein Unternehmer täglich handelt. Sie können zeigen, wie sie mit ihren Mitarbeitern kommunizieren, effektiv mit ihren Geschäftspartnern zusammenarbeiten oder welche Fähigkeiten sie einsetzen, um effizient zu arbeiten.

20. Gründung eines Kleinstunternehmens.

Ein Kleinstunternehmen ist ein Unternehmen mit weniger als zehn Mitarbeitern, das auf weniger Ressourcen angewiesen ist, um seine Tätigkeit aufzunehmen. Die Gründung eines Kleinstunternehmens kann für junge Unternehmer von Vorteil sein, da sie so die Möglichkeit haben, ein Unternehmen in kleinerem Rahmen zu gründen.

21. Teilnahme an Wettbewerben.

Die Teilnahme an Wettbewerben für Jungunternehmer stärkt Ihr Selbstvertrauen und ermöglicht es Ihnen, Ihre Fähigkeiten in der Geschäftswelt unter Beweis zu stellen. Sie können Ihre Geschäftsideen vorstellen und sich mit anderen Jungunternehmern vernetzen. Bei Wettbewerben können finanzielle Belohnungen winken, die Sie für Ihr Unternehmen ausgeben können, oder Bildungsanreize, z. B. Stipendien. Suchen Sie im Internet nach Wettbewerben für Jungunternehmer und finden Sie heraus, ob einer davon für Sie geeignet ist.

22. Fordern Sie sich weiter heraus.

Als neuer Unternehmer ist es wichtig, sich selbst immer wieder herauszufordern, um weiter zu wachsen und zu lernen. Wenn Sie studieren, fordern Sie sich selbst, indem Sie sich für weiterführende Kurse anmelden. Wenn Sie gerade an Ihrem Unternehmen arbeiten, sollten Sie sich nach zusätzlichen Lernmitteln wie Büchern und Podcasts umsehen, die Ihnen helfen, neue Ideen zu entwickeln.

Kapitel no.2

Wie man ein Online-Unternehmer wird.

Viele Menschen sind begeistert von der Vorstellung, im 21. Jahrhundert Unternehmer zu sein, denn Internetunternehmen wie Alphabet, das früher Google (GOOG) hieß, und Meta (FB), das früher Facebook und Meta (FB) hieß, haben ihren Gründern zu großem Reichtum verholfen. Im Gegensatz zu etablierten Berufen, bei denen es in der Regel einen bestimmten Weg gibt, finden viele Menschen den Weg zum Unternehmer ein wenig verwirrend. Was für den einen Firmeninhaber funktioniert, ist für den anderen vielleicht nicht geeignet und umgekehrt. Aber die meisten erfolgreichen Unternehmer im Internet haben diese sieben grundlegenden Schritte befolgt:

Finanzielle Stabilität gewährleisten.

Es ist kein obligatorischer erster Schritt, aber er wird dringend empfohlen. Während einige Online-Unternehmer erfolgreiche Unternehmen mit einem sehr geringen Budget aufgebaut haben, begann der Gründer von Facebook, jetzt Meta, Mark Zuckerberg, mit ausreichend Bargeld. Er sorgte auch für eine kontinuierliche Finanzierung, von der ein aufstrebender Unternehmer nur profitieren kann. So haben sie mehr Zeit, sich auf den Aufbau eines erfolgreichen Unternehmens zu konzentrieren, und müssen sich andererseits nicht um das schnelle Geld kümmern.

Vielfältige Qualifikationen aufbauen.

Sobald die Finanzen einer Person gesichert sind, ist es wichtig, verschiedene Talente zu entwickeln. Dann sollte man diese verschiedenen Fähigkeiten und Talente in der realen Welt einsetzen. Schritt zwei und Schritt eins können zusammen den größten Nutzen bringen. Das Erlernen und Ausprobieren neuer Dinge in der realen Welt wird Ihnen helfen, Ihre besonderen Fähigkeiten zu entwickeln. Wenn ein ehrgeiziger Online-Unternehmer beispielsweise einen Hintergrund im Finanzwesen hat, kann er in seinem derzeitigen Unternehmen eine Vertriebsfunktion übernehmen, um die für den Erfolg erforderlichen Soft Skills zu erwerben. Wenn Online-Unternehmer ein breites Spektrum an Fähigkeiten entwickeln, können sie in schwierigen Situationen auf eine ganze Reihe von Werkzeugen zurückgreifen. Manchmal ist ein Hochschulstudium erforderlich, um ein erfolgreicher Unternehmer zu werden, manchmal aber auch nicht. Einige Beispiele für Personen, die sich gegen ein Studium entschieden haben und dennoch erfolgreiche Unternehmer wurden, sind Bill Gates, Larry Ellison, Mark Zuckerberg und Steve Jobs.

Um ein erfolgreiches Unternehmen zu gründen, muss man nicht unbedingt ein College besuchen (und dafür bezahlen), aber es kann jungen Menschen auf verschiedene Weise etwas über die Welt beibringen. Die oben erwähnten berühmten Studienabbrecher sind die Ausnahme, nicht die Regel. Dennoch ist das College angesichts der hohen Bildungskosten in den Vereinigten Staaten vielleicht nicht für jeden etwas. Es stimmt nicht, dass man einen Bachelor-Abschluss in irgendeiner Art von Wirtschaft braucht, um ein eigenes Unternehmen zu gründen. Menschen, die erfolgreiche Unternehmen gegründet haben, haben in verschiedenen Bereichen studiert (sogar Psychologie), und das kann Ihnen die Augen öffnen und Ihnen bei der Gründung Ihres Unternehmens helfen.

Inhalte über mehrere Kanäle konsumieren.

Die Notwendigkeit, verschiedene Inhalte aufzunehmen, ist ebenso wichtig wie die Entwicklung verschiedener Fähigkeiten. Um Inhalte zu konsumieren, sind Bücher, Artikel und Podcasts allesamt großartige Möglichkeiten. Der Punkt ist, dass die Informationen, die Sie konsumieren, verschiedene Themen abdecken sollten, unabhängig davon, wo Sie sie erhalten. Angehende Unternehmer sollten sich ständig mit der Welt um sie herum vertraut machen. Sie sollten verschiedene Bereiche immer wieder aus neuen Blickwinkeln betrachten. Dies wird es ihnen ermöglichen, ein Unternehmen in verschiedenen und spezifischen Bereichen aufzubauen.

Identifizieren Sie ein zu lösendes Problem.

Ein ehrgeiziger Online-Unternehmer kann eine Vielzahl von Problemen erkennen, die er lösen kann, indem er sich Inhalte aus vielen Medienbereichen ansieht und daraus lernt. Viele Menschen denken, dass eine Dienstleistung oder ein Produkt nur dann erfolgreich sein kann, wenn es etwas Bestimmtes anspricht und einem anderen Unternehmen oder Kunden bei der Lösung eines Problems hilft. Ein ehrgeiziger Unternehmer wird den Bedarf erkennen und sein Unternehmen um das Problem herum entwickeln, das er identifiziert hat. Die Schritte drei und vier müssen zusammen durchgeführt werden, um das Problem zu lösen, indem andere Branchen herangezogen und das Problem von außen betrachtet wird. So kann ein ehrgeiziger Online-Unternehmer Probleme erkennen, die andere vielleicht übersehen.

Lösen Sie dieses Problem.

Erfolgreiche Neugründungen befassen sich immer mit einem bestimmten Problem, das anderen Unternehmen oder der Öffentlichkeit im Allgemeinen hilft. Dies wird als "Mehrwert für das Problem" bezeichnet. Ein Unternehmer kann nur dann erfolgreich sein, wenn er einen Mehrwert für ein bestimmtes Problem schafft. Nehmen wir an, Sie stellen fest, dass es für Patienten schwierig ist, einen Termin beim Arzt oder Zahnarzt zu vereinbaren. Aus diesem Grund verlieren sie Aufträge. Um dieses Problem zu lösen, entwickeln Sie ein Online-Terminvergabesystem, das die Terminvergabe für die Patienten vereinfacht.

Netzwerken wie verrückt.

Die meisten Online-Unternehmer können allein nicht erfolgreich sein. Die Geschäftswelt ist sehr hart umkämpft. Jede Unterstützung, die Sie durch Networking erhalten können, wird Ihnen immer zugute kommen. Für jeden neuen Unternehmer ist das Knüpfen von Netzwerken lebensnotwendig und wichtig für sein Geschäft. Wenn Sie die richtigen Personen treffen, die Sie dann mit anderen Branchenkontakten wie Lieferanten, Geldgebern und sogar Mentoren in Verbindung bringen können, kann dies den Unterschied zwischen Erfolg und Misserfolg ausmachen.

Auch die Teilnahme an Konferenzen, das Versenden von E-Mails und das Kontaktieren von Branchenkontakten sowie das Treffen mit dem Bruder des Freundes Ihres Cousins, der in einem verwandten Bereich arbeitet, können Ihnen helfen, in der Welt Fuß zu fassen und Menschen zu treffen, die Ihnen helfen können. Wenn Sie erst einmal einen Fuß in der Tür haben, werden Ihnen die richtigen Leute dabei helfen, Ihre Geschäfte viel schneller abzuwickeln.

Mit gutem Beispiel vorangehen.

Um als großer Unternehmer erfolgreich zu sein, müssen Sie zunächst eine große Führungspersönlichkeit sein. Wenn Sie die täglichen Aufgaben in Ihrem Unternehmen allein erledigen, wird das nicht zum Erfolg führen. Eine Führungskraft muss immer hart arbeiten und dann ihre Mitarbeiter motivieren und inspirieren, damit sie ihr Potenzial voll ausschöpfen können. Dies wird zum Erfolg des Unternehmens führen. In den erfolgreichsten Unternehmen gibt es großartige Führungskräfte. Zum Beispiel: Steve Jobs und Apple, Disney hatte Bob Igor, und Bill Gates war bei Microsoft. Informieren Sie sich über erfolgreiche Personen und erfolgreiche Unternehmen. Lesen Sie Bücher, die über sie geschrieben wurden, studieren Sie ihre Reden. Auf diese Weise können Sie lernen, was sie tun, um eine großartige Führungskraft zu sein, und so Ihren Mitarbeitern zeigen, was für eine großartige Führungskraft Sie sind.

Finanzierung des Unternehmertums.

Bei jeder neuen Unternehmung werden Unternehmer feststellen, dass es schwierig sein kann, sich für eine Kapitalfinanzierung zu qualifizieren. Viele

Unternehmer gründen ihr Unternehmen mit eigenem Geld, erledigen ihre Arbeit selbst, um die Arbeitskosten zu senken, haben sehr wenig Personal und kalkulieren Forderungen ein. Einige Unternehmer arbeiten selbst, um ihr Unternehmen zum Laufen zu bringen. Andere Unternehmer arbeiten mit etablierten Kleinunternehmen zusammen, die das Geld und die Ressourcen aufbringen können, die sie benötigen. Neue Unternehmen, die auf der Suche nach einer Finanzierung sind, könnten sich an einen Engelsinvestor, Crowdfunding, Risikokapitalgeber oder Hedgefonds wenden.

Ressourcen für Unternehmerinnen und Unternehmer.

Es gibt eine gute Nachricht. Es gibt verschiedene Finanzierungsmöglichkeiten für Unternehmer, die gerade erst anfangen. Die Small Business Administration (SBA) kann Unternehmern bei der Gründung ihres Unternehmens mit einem zinsgünstigen Geschäftskredit helfen. Die Small Business Administration (SBA) unterstützt Unternehmen bei der Suche nach Kreditanbietern, um sie bei dieser Aufgabe zu unterstützen.

Ein Unternehmer, der einen Teil des Eigenkapitals seines Unternehmens abgibt, kann sich möglicherweise eine schnellere Finanzierung durch einen Risikokapitalgeber oder einen Engelsinvestor sichern. Diese können zwar Geld geben, aber auch etwas ebenso Wertvolles wie Kontakte, Ratschläge und Coaching für Jungunternehmer. Crowdfunding ist zu einem beliebten Instrument für Jungunternehmer geworden, um die benötigten Mittel zu beschaffen. Ein Unternehmer richtet eine Seite für sein Produkt ein, auf der er ein finanzielles Ziel angibt, das er erreichen will. Sobald dieses Ziel erreicht ist, gibt es Belohnungen für diejenigen, die das Geld gespendet haben. Das kann für ein Produkt oder ein Erlebnis sein.

Bootstrapping für Entrepreneure.

Bootstrapping ist ein Begriff, der den Prozess beschreibt, bei dem man ein Unternehmen ausschließlich mit eigenem Geld und den Erlösen aus den ersten

Verkäufen gründet. Es ist eine Herausforderung, weil der Unternehmer alle finanziellen Risiken trägt und nur eine minimale Fehlertoleranz hat. Durch Bootstrapping können Sie das Unternehmen nach Ihren Vorstellungen führen. Außerdem haben Sie keinen Investor, der für sein Geld schnelle Gewinne von Ihnen will. Aber die Unterstützung von außen kann manchmal eher nützlich als schädlich sein. Bootstrapping ist machbar, aber eine Herausforderung.

Kapitel no.3

Merkmale von Online-Unternehmern.

Was haben erfolgreiche Unternehmer noch gemeinsam? In den meisten Fällen handelt es sich bei Unternehmern um fleißige Menschen, die sich in Bereiche vertiefen, die sie von Natur aus interessieren. Leidenschaft ist zweifellos die wichtigste Komponente, die ein Existenzgründer mitbringen muss, und jeder Vorteil ist hilfreich. Zwar ist die Vorstellung, sein eigener Chef zu sein, für jedermann reizvoll, und die Aussicht, ein Vermögen zu verdienen, birgt jedoch auch zahlreiche Nachteile. Das Einkommen ist nie garantiert, arbeitgeberfinanzierte Sozialleistungen stehen nicht immer zur Verfügung, und wenn Ihr Unternehmen Verluste macht, kann nicht nur der Gewinn des Unternehmens, sondern auch Ihr persönliches Vermögen darunter leiden. Wenn Sie jedoch einige Richtlinien befolgen, können Sie Ihr Risiko erheblich verringern. Ein erfolgreicher Internetunternehmer muss die folgenden Eigenschaften besitzen.

1. Vielseitig.

Zu Beginn Ihrer Reise ist es von entscheidender Bedeutung, alle Kundeninteraktionen, einschließlich des Verkaufs, so persönlich wie möglich zu gestalten. Die direkte Interaktion mit den Kunden ist der direkteste Weg, um ehrliches Feedback zu den Dingen zu erhalten, an denen Ihr Markt am meisten interessiert ist und wie Sie sich verbessern können. Wenn es nicht möglich ist, nur eine einzige Kundenschnittstelle zu haben, müssen die Unternehmer ihre Mitarbeiter darin schulen, routinemäßig nach Kundenfeedback zu fragen. Die Kunden werden dadurch nicht nur ermutigt, sondern auch eher bereit, ihr Unternehmen weiterzuempfehlen. Einer der wichtigsten Vorteile, den Heimunternehmer gegenüber größeren Unternehmen genießen, ist die Möglichkeit, persönlich auf Anrufe zu reagieren. Allein die Tatsache, dass Sie eine menschliche Stimme hören, ist eine Möglichkeit, neue Kunden zu gewinnen und Ihren bestehenden Kunden das

Gefühl zu geben, dass sie in dieser Zeit des High-Tech-Backlashs geschätzt werden. Kunden können von automatisierten Antworten und Tonwahlmenüs frustriert sein, so dass Sie sie mit einer persönlichen Note bereits für sich gewonnen haben. Dies ist eine wichtige Tatsache, da etwa 80 % aller Geschäfte auf Stammkunden entfallen. Die Kunden erwarten eine ausgefeilte Website, auch wenn sie einen persönlichen Telefonservice mehr schätzen. Auch wenn Sie nicht in der High-Tech-Branche tätig sind, müssen Sie als Online-Unternehmer in der Lage sein, das Internet zu nutzen, um Ihre Botschaft an Ihre aktuellen und potenziellen Kunden zu übermitteln. Eine Website, die von Ihrem Nachbarn von nebenan erstellt wird, kann einer Website, die von einer 100 Millionen Dollar teuren Marketingfirma erstellt wurde, weit überlegen sein. Vergewissern Sie sich einfach, dass sich unter der angegebenen Telefonnummer auch ein Mensch meldet.

2. Flexibel.

Ideen werden sich jedoch weiterentwickeln. Um den perfekten "Sweet Spot" zu finden, sind Versuch und Irrtum erforderlich, sei es bei der Verfeinerung des Designs eines Produkts oder bei der Änderung von Menüpunkten. Der ehemalige Vorsitzende und CEO von Starbucks, Howard Schultz, glaubte zunächst, dass das Abspielen von italienischen Opernliedern aus den Lautsprechern das Erlebnis eines italienischen Kaffeehauses, das er nachahmen wollte, verbessern würde. Die Kunden waren jedoch anderer Meinung und mochten keine Opern beim Espressotrinken. Schließlich ließ Schultz die Oper weg und ersetzte sie durch bequeme Stühle.

3. Geldgeilheit.

Die wichtigste Voraussetzung für ein rentables neues Unternehmen ist ein konstanter Cashflow. Er ist unerlässlich für den Kauf von Waren, die Miete, die Reparatur von Geräten und für das Marketing. Die einzige Möglichkeit, finanziell gesund zu bleiben, besteht darin, genaue Aufzeichnungen über Ausgaben und Einnahmen zu führen. Da die meisten neuen Unternehmen innerhalb des ersten Jahres keinen Gewinn erwirtschaften, können Bargeldreserven für unvorhergesehene Ereignisse dazu beitragen, dass Unternehmer nicht in Geldnot geraten. Natürlich ist es wichtig, dass Sie ein bescheidenes Einkommen erzielen, das die Grundbedürfnisse deckt, aber das reicht nicht aus. Das gilt besonders, wenn es um Investitionen geht. Natürlich könnten solche Opfer die Beziehungen zu den Familienmitgliedern belasten, die sich auf weniger komfortable Lebensumstände einstellen müssen und befürchten, dass das Vermögen der Familie ruiniert wird. Letztendlich müssen die Unternehmen die Probleme besprechen und sicherstellen, dass die Familienmitglieder die Veränderungen geistig annehmen.

4. Unverwüstlich.

Ein Unternehmen zu führen kann äußerst schwierig sein, vor allem, wenn es sich um ein neues Unternehmen handelt, das von Grund auf neu gegründet wird. Es erfordert viel und starkes Engagement, Hingabe und auch Scheitern. Erfolgreiche Unternehmer sind in der Lage, trotz aller Widrigkeiten durchzuhalten. Sie müssen trotz der Ablehnung oder des Scheiterns weiter vorankommen. Ein Unternehmen zu gründen ist ein Prozess, der nicht einfach ist, vor allem, wenn es um finanzielle Aspekte geht. Wenn Sie erfolgreich sein wollen, sollten Sie niemals Ihre Ziele aufgeben, egal wie hoch die Chancen sind.

5. Fokussiert.

Als starke Persönlichkeit muss eine hervorragende Führungspersönlichkeit konzentriert bleiben und sich von dem Lärm und den Unwägbarkeiten, die mit der Leitung eines Unternehmens einhergehen, fernhalten. Es ist ein Rezept für das Scheitern, sich von seinen Gedanken treiben zu lassen, an seinen Intuitionen oder Ideen zu zweifeln und sich dann in dem größeren Ziel zu verlieren. Ein erfolgreicher Unternehmer sollte nicht vergessen, warum er sein Unternehmen gegründet hat, und sich weiterhin auf die Erfüllung seiner Aufgabe konzentrieren.

6. Business Smart.

Wenn Sie Ihr eigenes Unternehmen gründen und leiten, müssen Sie wissen, wie Sie mit Geld umgehen und die Finanzberichte verstehen. Ein entscheidender Teil Ihres

Unternehmens besteht darin, dass Sie wissen, wie Sie Einnahmen und Kosten ermitteln und was Sie persönlich tun können, um diese zu erhöhen oder zu senken. Indem Sie dafür sorgen, dass Ihnen das Geld nicht ausgeht, können Sie das Unternehmen länger über Wasser halten, bis Sie die richtigen Leute finden, die es verwalten können. Die Umsetzung einer soliden Geschäftsstrategie, die Ihren Zielmarkt, Ihre Konkurrenten sowie Ihre Stärken und Grenzen erkennt, wird Ihnen helfen, sich in dem schwierigen Umfeld der Unternehmensführung zurechtzufinde.

7. **Kommunikatoren.**

Wirksame Kommunikation ist in fast allen Bereichen des privaten und beruflichen Lebens von entscheidender Bedeutung. Auch in Ihrem Unternehmen ist eine wirksame Kommunikation von entscheidender Bedeutung. Erfolgreiche Kommunikation ist für alles in Ihrem Unternehmen erforderlich, von der Präsentation Ihrer Ideen und Strategien vor potenziellen Investoren über die Weitergabe Ihres Geschäftsplans an Ihre Mitarbeiter bis hin zu Vertragsverhandlungen mit Lieferanten.

4 Arten von Unternehmertum.

Es gibt verschiedene Arten von Unternehmern und verschiedene Arten von Unternehmen, die sie gründen. Die wichtigsten Kategorien des Unternehmertums sind im Folgenden aufgeführt.

Unternehmertum in Kleinbetrieben.

Kleinunternehmerische Tätigkeit bedeutet, ein neues Unternehmen zu gründen, ohne sich zu einem großen

Unternehmen zu entwickeln oder mehrere Franchiseunternehmen zu gründen. Ein Kleinunternehmen kann ein Restaurant an einem einzigen Standort sein, ein Laden oder sogar ein Einzelhandelsgeschäft, in dem Sie handgefertigte Waren verkaufen. In der Regel investieren sie ihr Kapital in ihr Unternehmen und sind erfolgreich, wenn es ein Einkommen erwirtschaftet und den Lebensunterhalt sichert. Sie haben keine externen Investoren und nehmen nur Kredite auf, um das Geschäft aufrechtzuerhalten.

Skalierbares Startup.

Denken Sie an Silicon Valley als Beispiel für ein Unternehmen, das mit einem neuartigen Konzept begann. Ziel ist es, einen Gegenstand oder eine Dienstleistung zu entwickeln, mit dem/der das Unternehmen im Laufe der Zeit wachsen und sich vergrößern kann. Die Unternehmen benötigen in der Regel Investoren und große Geldsummen, um ihr Geschäftsmodell zu entwickeln und in neue Märkte zu expandieren.

Ein großes Unternehmen.

Ein Großunternehmen ist die Gründung eines neuen Geschäftsbereichs innerhalb eines bestehenden Unternehmens. Das bestehende Unternehmen kann gut positioniert sein, um in andere Branchen zu expandieren oder sich an neuen Technologien zu beteiligen. Die CEOs dieser Unternehmen haben entweder die Vision eines neuen Marktes oder entwickeln Ideen für die Geschäftsleitung, um den Prozess zu beginnen.

Soziales Unternehmertum.

Das Ziel des sozialen Unternehmertums ist es, der Menschheit und der Gesellschaft im Allgemeinen zu helfen. Die angebotenen Produkte und Dienstleistungen sind so konzipiert, dass sie Mitgliedern der Gemeinschaft helfen oder den Planeten schützen. Sie werden von dem Wunsch angetrieben, der Welt, in der sie leben, zu helfen, und nicht von dem Wunsch, Geld zu verdienen.

Wirtschaft und Unternehmertum.

Nach Ansicht der Wirtschaftswissenschaftler fungiert der Unternehmer in einer kapitalistischen Wirtschaft als koordinierender Akteur. Diese Koordination äußert sich in der Umverteilung von Ressourcen auf neue Gewinnmöglichkeiten. Der Unternehmer bewegt sowohl materielle als auch immaterielle Ressourcen, um die Kapitalbildung zu fördern. Im Jahr 2021 gibt es in den Vereinigten Staaten 32,5 Millionen kleine Unternehmen. In einem Markt voller Unsicherheiten ist es der Unternehmer, der Entscheidungen trifft oder Risiken eingeht. Unternehmer fördern effiziente Entdeckungen und geben kontinuierlich Wissen weiter, so dass der

Kapitalismus ein dynamisches Gewinn- und Verlustsystem ist. Etablierte Unternehmen sehen sich mit der wachsenden Konkurrenz und den Herausforderungen durch Unternehmer konfrontiert, was sie häufig dazu veranlasst, in Forschung und Entwicklung zu investieren. Wirtschaftlich ausgedrückt: Der Unternehmer bringt das Gleichgewicht des Systems durcheinander.

Wie Unternehmertum der Wirtschaft hilft.

Die Förderung des Unternehmertums kann der Wirtschaft und der Gesellschaft auf verschiedene Weise zugute kommen. Zunächst einmal gründen Unternehmer neue Unternehmen. Sie schaffen Arbeitsplätze, indem sie Waren und Dienstleistungen erfinden, und sie lösen häufig einen Dominoeffekt aus, der zu einer noch bedeutenderen Entwicklung führt. Nach der Gründung von Unternehmen der Informationstechnologie in Indien in den 1990er Jahren entstanden Unternehmen in verwandten Branchen wie Hardware und Callcenter-Betreiber, die ihre Hilfe und Produkte anboten. Unternehmer sind ein wichtiger Teil des BIP des Landes.

Bestehende Unternehmen sind möglicherweise auf ihre derzeitigen Märkte beschränkt und erreichen irgendwann eine Umsatzgrenze. Andererseits schaffen neue Produkte oder Technologien neue Märkte und Geld. Mehr Beschäftigung und höhere Einkommen können die Steuerbasis eines Landes erhöhen, so dass die Regierung mehr für öffentliche Initiativen ausgeben kann. Unternehmer sind für den sozialen Wandel verantwortlich. Sie setzen sich mit einzigartigen Kreationen über Konventionen hinweg, die die Abhängigkeit von etablierten

Methoden und Systemen minimieren und sie in manchen Fällen sogar überflüssig machen. Smartphones und ihre Apps haben zum Beispiel die Art und Weise verändert, wie Menschen auf der ganzen Welt arbeiten und spielen. Unternehmer fördern nicht nur ihre eigenen Ziele, indem sie in Gemeinschaftsprojekte investieren und Wohltätigkeitsorganisationen und andere gemeinnützige Einrichtungen unterstützen. Bill Gates zum Beispiel hat einen großen Teil seines Vermögens für Bildung und öffentliche Gesundheit gespendet.

Kapitel no.4

Wie man ein Online-Unternehmer wird.

Die folgenden Schritte führen Sie zu einem Online-Unternehmer:

1. Finden Sie eine Marktlücke.

In der Regel beginnen neue Unternehmen damit, ein Problem zu identifizieren und eine Lösung für dieses Problem zu finden. Überlegen Sie, welche Branchen Ihren Kenntnissen, Fähigkeiten und Hobbys entsprechen, wenn Sie ein Internet-Unternehmen gründen möchten. Wenn Sie ein Geschäftsfeld finden, das Ihren Stärken entspricht, können Sie motiviert bleiben und gleichzeitig Ihre bisherigen Fähigkeiten und Kenntnisse nutzen.

2. Studie durchführen.

Inhaber von Online-Unternehmen sollten sich über ihren Sektor und die ihnen zur Verfügung stehenden Instrumente informieren. Das kann bedeuten, dass sie recherchieren:

- Plattformen für soziale Medien
- Entwicklung und Verwaltung von Websites
- Digitale Werbung
- Software für den elektronischen Handel

Es kann auch von Vorteil sein, mit anderen Unternehmern über ihre bevorzugten Produkte, bevorzugten Plattformen, Erfolge und Hindernisse zu sprechen.

3. In Klassen einschreiben.

Viele Schulen und Universitäten bieten Kurse zum Unternehmertum an, sowohl persönlich als auch online. Sie können auch im Internet nach Unternehmerzertifikaten suchen. Für mögliche Investoren können diese Zeugnisse Ihrem Projekt Glaubwürdigkeit verleihen.

4. Erstellen einer Geschäftsstrategie.

Viele Online-Unternehmer müssen ihre Idee einer Vielzahl von Personen mitteilen, darunter:

- Andere Geschäftsinhaber
- Freunde und Verwandte
- Finanzberater.
- Investoren

Ein guter Geschäftsplan organisiert und professionalisiert Ihre Recherchen, Pläne und Ziele, so dass die Leser mehr über Ihre langfristigen Ambitionen erfahren können. Die Abschnitte einer Geschäftsstrategie sind wie folgt:

- Kurzfassung

- Beschreibung des Unternehmens
- Analyse des Marktes
- Analyse der Wettbewerber
- Organisatorische Struktur
- Beschreibung der Produkte oder Dienstleistungen
- Marketingplan
- Verkaufsstrategie
- Antrag auf Finanzierung
- Finanzielle Projektionen.

5. Netzwerk.

Wenn Sie mit anderen Experten auf Ihrem Gebiet und in der digitalen Geschäftswelt in Verbindung stehen, können Sie Ihr Unternehmen bei den richtigen Leuten bekannt machen. Es ist auch möglich, Kontakte zu potenziellen strategischen Partnern und Dienstleistern für Ihr Unternehmen zu knüpfen. Sie können sich vernetzen durch;

- Kontaktaufnahme mit Unternehmen oder Einzelpersonen über soziale Medien
- Teilnahme an Fachveranstaltungen, wie Konferenzen und Workshops
- Beitritt zu Berufs- und Freizeitgruppen.

6. Werben Sie für Ihr Unternehmen.

Erstellen Sie eine Werbekampagne, um potenzielle Kunden und Klienten über Ihr Unternehmen zu informieren, sobald Sie bereit sind, es zu starten. Sie könnten die folgenden Instrumente verwenden:

- Digitale Anzeigen

- Werbung in sozialen Medien
- E-Mail-Kampagnen.

Stellen Sie sicher, dass Sie Ihre Anzeigen auf den von Ihnen gewünschten Markt ausrichten, um den größtmöglichen Nutzen aus Ihren Marketinginvestitionen zu ziehen. Wenn Sie zum Beispiel eine Online-Boutique betreiben, die nur Bestellungen zur Abholung annimmt, sollten Ihre Anzeigen auf Kunden in Ihrer Nachbarschaft ausgerichtet sein.

Fähigkeiten als Online-Unternehmer.

Erfolgreiche Online-Unternehmer verfügen häufig über die folgenden Fähigkeiten:

Kenntnisse im digitalen Marketing.

Eine solide persönliche Marke, die Sie durch digitales Marketing aufbauen können, ist für das Online-Unternehmertum unerlässlich. Da die meisten Unternehmer mit einem kleinen Budget arbeiten, ist es wichtig, die Fähigkeiten des digitalen Marketings zu nutzen, um die

Markenbekanntheit zu steigern und mit einem geringen Budget neue Kunden zu gewinnen. Bestimmen Sie die Alleinstellungsmerkmale Ihres Unternehmens im Vergleich zu seinen Konkurrenten und konzentrieren Sie Ihre Marketingbemühungen auf diese. Wenn Sie ein Online-Unternehmen gründen, ist Konsistenz entscheidend. Sie sollten regelmäßig Beiträge veröffentlichen und mit Ihren Fans und anderen Marken in den sozialen Medien interagieren. Im Folgenden finden Sie Beispiele für digitales Marketing:

- Webseiten
- Blogs
- Digitale Videokanäle
- Emails.

Optimierung der Suchmaschine.

Suchmaschinenoptimierung (SEO) ist ein Begriff, der Strategien beschreibt, die dazu beitragen, dass Ihre Website auf den Suchergebnisseiten besser platziert wird. SEO kann die Anzahl der Besucher Ihrer Website erhöhen und so die Markenbekanntheit und die Einnahmen steigern.

- Verwendung beliebter Schlüsselwörter in Ihrem Inhalt
- Regelmäßige Aktualisierung Ihrer Inhalte
- Erstellung optimierter Metadaten und anderer Backend-Beschreibungen
- Die Analyse von Nutzertrends und die Änderung von Methoden sind einige der Komponenten von SEO.

Schreiben von Texten und Erstellen von Inhalten.

Wenn Sie sich mit dem Verfassen von Texten und der Produktion von Inhalten auskennen, können Sie Geld sparen, Ihre Produktivität steigern und für Ihre Produkte oder Dienstleistungen werben, da Sie viele Aufgaben Ihres Unternehmens mit einem kleinen Team erledigen können. Regelmäßige Aktualisierungen der Inhalte Ihrer Website, Ihrer Social-Media-Feeds und Ihrer Videokanäle können Ihnen helfen, Ihre Suchergebnisse zu verbessern und die Kundenbindung zu erhöhen..

Zeitmanagement.

Online-Unternehmer müssen ihre Zeit richtig einteilen, da sie mit einem kleinen Budget und einem kleinen Team arbeiten.

- Organisation: Die Unternehmer müssen Wege finden, um den Überblick über ihre Verpflichtungen, wichtige Termine und den Projektstatus zu behalten.

- Prioritäten setzen: Die Unternehmer müssen entscheiden, welche Aufgaben am wichtigsten sind und sofortige Aufmerksamkeit erfordern.
- Delegieren: Erfolgreiche Unternehmer stellen Personen ein, denen sie vertrauen können, und übertragen ihnen alltägliche Aufgaben, so dass sie mehr Zeit haben, sich auf übergeordnete organisatorische Planungen zu konzentrieren.

Gehälter und Berufsaussichten für Online-Unternehmer.

Nach Angaben von Indeed verdienen Unternehmer in den Vereinigten Staaten durchschnittlich 46.453 Dollar pro Jahr. Mit Gewinnbeteiligung erhalten sie im Durchschnitt 6.500 Dollar mehr pro Jahr. Während Daten über Internetunternehmer nicht zugänglich sind, schätzt das US Bureau of Labor Statistics die Zahl der Selbstständigen in den Vereinigten Staaten im Jahr 2016 auf 9,6 Millionen. Nach Angaben des BLS wird die Zahl der Selbständigen bis 2026 auf 10,3 Millionen ansteigen, was einem Zuwachs von 7,9 % entspricht.

Kapitel no.5

Erfolgreiche Online-Unternehmerin.

Unternehmer aus den Vereinigten Staaten von Amerika verdienen durchschnittlich 46.453 $ pro Jahr, wie aus den Gehaltslisten von Indeed hervorgeht. Durch die Gewinnbeteiligung erhalten die Unternehmer im Durchschnitt weitere 6.500 Dollar pro Jahr. Obwohl keine Daten zu Online-Unternehmern vorliegen, schätzt das US Bureau of Labour Statistics die Zahl der Selbstständigen in den Vereinigten Staaten im Jahr 2016 auf 9,6 Millionen. Nach Schätzungen des BLS wird die Zahl der Selbstständigen bis 2026 auf 10,3 Millionen ansteigen. Das ist ein Zuwachs von 7,9 Prozent. Jeder könnte sich selbstständig machen, aber es ist schwierig, sich vorzustellen, ein Risiko einzugehen und die Sicherheit einer Vollzeitstelle mit Krankenversicherung und Gehalt aufzugeben, um ein eigenes Unternehmen zu gründen. Ich kann das nachempfinden, denn ich hatte ähnliche Sorgen, als ich mein eigenes Unternehmen gründete. Heute möchte ich Ihnen zeigen, was Sie über das Online-Geschäft lernen sollten, und Sie durch die Schritte führen, die Sie unternehmen müssen, um erfolgreich zu sein, denn Sie sind Ihr eigener Chef.

- **Verstehen Sie Ihr "Warum "**

Bevor Sie sich auf die Reise in Ihr Online-Geschäft begeben, sollten Sie unbedingt wissen, warum Sie überhaupt ein eigenes Unternehmen gründen wollen.

- Suchen Sie Freiheit?
- Einen Lebensstil mit passivem Einkommen?
- Verdienstmöglichkeiten.
- Alle Entscheidungen zu treffen und Ihr eigener Chef zu sein?
- Hassen Sie Ihren Job?
- Möchten Sie sich für etwas engagieren, das Sie interessiert?

Unabhängig davon, was man als Grund für eine Vollzeitbeschäftigung angibt, muss es eine Begründung oder eine Liste von Motiven geben. Für mich waren es die Freiheit und die Verdienstmöglichkeiten. Finden Sie heraus, was für Sie wesentlich ist, dann können Sie auch in schwierigen Zeiten erfolgreich sein.

- **Geben Sie Ihren Vollzeitjob nicht auf... noch nicht.**

Ich bin kein großer Freund davon, seinen Vollzeitjob aufzugeben und alles auf die Möglichkeit zu setzen, sich mit einem kleinen Unternehmen selbstständig zu machen. Der Grund dafür ist ganz einfach. Unabhängig davon, ob es sich um ein Online-Unternehmen handelt oder nicht, scheitern 45 % der Kleinunternehmen in den ersten fünf Jahren.

Ich bin ein großer Fan der kalkulierten Risikobereitschaft. In Anbetracht der Tatsache, dass viele Unternehmer scheitern, halte ich es für vernünftiger, hauptberuflich zu arbeiten, während man mit einem Nebenerwerb beginnt und endet. Das hilft Ihnen, bessere Entscheidungen zu treffen, da Ihre Finanzen nicht gestresst sind. Wer sich um seine Finanzen sorgt und sie zum Hauptziel seines Unternehmens macht, anstatt sich um die Wünsche seiner Kunden zu kümmern, ist nicht in der Lage, ein erfolgreiches Online-Geschäft zu führen.

2. Eine Geschäftsidee, die zu Ihrem Lebensstil passt.

Ein attraktiver Aspekt eines Online-Geschäfts, auch virtuelle Immobilien genannt, könnte ein beeindruckendes passives Einkommenspotenzial bieten. Das ist wahrscheinlich eines der Hauptmotive für den Einstieg. Aber meine zahlreichen Erfahrungen haben mich gelehrt, dass das Modell des "passiven Einkommens" nicht für jeden die ideale Wahl ist? Was ist der Grund dafür? Es kann viel Zeit in Anspruch nehmen, bis man genug Geld verdient, um seine Arbeit zu decken, wie ich in meinem Artikel über Einkommen gezeigt habe. Es ist wichtig zu wissen, dass eine Geschäftsidee, die für andere attraktiv ist, nicht unbedingt auch die beste für Sie sein muss. Wählen Sie ein Thema, das Ausdruck dessen ist, wie Sie Ihr Leben gestalten möchten.

Hier ein Überblick über einige Konzepte, über die Sie nachdenken sollten:

Ein Blog erstellen: Ich halte dies für mein Lieblingsgeschäftsmodell, da es unglaublich inaktiv ist, sobald man herausgefunden hat, wie es funktioniert. Der Großteil dieses Modells stützt sich auf Display-Werbung und Affiliate-Marketing, um Einnahmen zu erzielen. Obwohl es von Vorteil ist, sich mit den Grundlagen von SEO und dem digitalen Markt auszukennen, ist es nicht erforderlich.

Ein YouTuber werden: Mein zweitliebstes Geschäftsmodell, vor allem, weil es so einfach ist. Obwohl die meisten Leute glauben, dass man bei YouTube vor der Kamera stehen und eine 60-Stunden-Woche absolvieren muss, um erfolgreich zu sein, ist das nicht der Fall, wenn man den Prozess anders angeht. Ich bezeichne es als "Themenkanal". Das bedeutet, dass Sie anfangen werden, online Geld zu verdienen, hauptsächlich mit YouTube AdSense-Einnahmen.

Machen Sie sich zum Online-Berater. Es gibt viele Arten von Beratungsjobs, mit denen Sie anderen kleinen Unternehmen helfen können. Sie könnten ein Social-Media-Manager, ein allgemeiner Vermarkter oder ein Spezialist für Suchmaschinenoptimierung (SEO) und Webdesign sein (vorausgesetzt, Sie sind mit der Software für Webdesign vertraut), ein Programmierer oder was auch immer Ihren Fähigkeiten entspricht. Dies ist zwar nicht der ideale Weg, um ein internetbasierter

Unternehmer zu werden, da es sich nicht um ein passives Unterfangen handelt, aber es ist ein hervorragender Einstieg, wenn dies Ihre erste Erfahrung ist.

Ein Online-Unternehmen gründen: Es gibt viele verschiedene Plattformen, um Produkte zu kaufen und zu verkaufen oder Produkte von Grund auf zu entwickeln und zu vermarkten. Es ist kein passives Unterfangen und erfordert in der Regel etwas Geld für den Anfang, aber es kann sehr profitabel sein, wenn Sie es an die Spitze geschafft haben. Es gibt eine Vielzahl von Plattformen, die Sie nutzen können, um Ihr eigenes Unternehmen zu gründen; ich empfehle Ihnen, meinen Artikel über den Verkauf im Einzelhandel oder den Verkauf auf Etsy zu lesen, um zu beginnen.

Anderen Menschen Fähigkeiten beibringen: Es gibt Hunderte, vielleicht Tausende von Unternehmern, die Online-Kurse verkaufen, um ein Einkommen zu erzielen. Obwohl es einen enormen Aufwand erfordert, das Konzept eines Kurses und eine Gliederung zu entwickeln, ist es eine ausgezeichnete Methode, um ein erfolgreicher Online-Unternehmer zu werden, da Sie auf Ihre früheren Erfahrungen und Ihr Fachwissen zurückgreifen können, um es zum Laufen zu bringen. Sie müssen die am besten geeignete internetbasierte Plattform für Kurse finden, um Ihr Geschäft zu betreiben. Dann werden Sie Ihren Kurs erstellen und vermarkten. Wenn Ihre Kurse erfolgreich sind, könnten Sie die Möglichkeit des Private Labeling und des PLR-Kurses in Betracht ziehen, um eine alternative Einkommensquelle zu schaffen.

- **Unterwegs lernen.**

Wenn Sie versuchen herauszufinden, wie Sie am besten zu einem Online-Unternehmer werden, müssen Sie erkennen, wie die "Just-in-time"-Methode des Lernens Ihnen zu Ihrem Erfolg verhelfen kann. Ebenso ist die Informationsflut in diesem Bereich die Norm. Um dem entgegenzuwirken, sollten Sie zuerst Ihr Unternehmen gründen und sich dann darauf konzentrieren, alles zu lernen, was Sie wissen müssen. Wenn Sie versuchen, sich die Grundlagen anzueignen, bevor Sie anfangen, werden Sie wahrscheinlich gar nicht anfangen. Nehmen wir zum Beispiel an, Sie möchten aufgrund meiner Empfehlungen Blogger werden. Das ist großartig! Wenn Sie sich jedoch nicht sicher sind, wie Sie WordPress nutzen können, oder wenn Sie erst am Anfang des Online-Marketings stehen, könnte Sie das davon abhalten, überhaupt anzufangen, weil Sie sich überfordert fühlen.

- **Jetzt loslegen.**

Eines der häufigsten Probleme von Unternehmern, die ein eigenes Unternehmen gründen wollen, ist die Frage nach dem besten Geschäftsmodell und der Erstellung eines effektiven Geschäftsplans. Wenn Sie entschlossen sind, ein Online-Unternehmen zu gründen, müssen Sie sich zunächst einmal selbst etablieren. Ich kann sagen, dass diejenigen, die es in ihrem Bereich geschafft haben, am meisten bedauern, dass sie nicht früher angefangen haben. Ich bin mir nicht sicher, warum die Leute nicht anfangen. Die meisten Menschen haben jedoch Angst zu scheitern und kommen zu dem Schluss, dass es am besten ist, nicht anzufangen. Angefangen ... deshalb sind sie nicht in der Lage zu scheitern. Sie werden scheitern, und das ist in Ordnung; ich gestehe Ihnen das Recht zu, zu scheitern. Ich bin selbst schon mehrmals gescheitert. Auch wenn es sich wie ein Klischee anhört, ist es fast schon ein Ritus, etwas zu beginnen und dann auf die Nase zu fallen. Das "Scheitern" besteht darin, zu lernen, was funktioniert und was nicht. Es ist ein ständiges Scheitern, wenn man scheitert und dann aufgibt. Der praktischste Rat, den ich Ihnen geben kann. Geben Sie nicht auf.

- **Erstellen Sie einen Plan und halten Sie ihn ein.**

Bevor Sie mit Ihrem Online-Geschäft beginnen, sollten Sie unbedingt einen Plan für sich selbst aufstellen und diesen strikt einhalten. Das ist besonders wichtig für diejenigen, die Kinder haben oder ein Online-Geschäft als zusätzlichen Nebenverdienst starten. Wie viele Stunden werden Sie arbeiten? An welchen Tagen werden Sie weniger arbeiten? Wie werden Sie Ihr Arbeitspensum mit Ihren derzeitigen Verpflichtungen bewältigen? Ich würde vorschlagen, an jedem Werktag unter der Woche eine Stunde oder weniger zu arbeiten und am Wochenende mindestens 3-4 Stunden. Das Wichtigste ist, dass Sie konsequent sind. Wenn Sie in der Lage sind, auch nur eine Stunde pro Tag in Ihr Online-Projekt zu investieren, summieren sich die Stunden und führen zu einem hervorragenden Endprodukt.

- **Tun Sie Ihr Bestes, um hart zu arbeiten.**

Arbeiten. Konzentrieren Sie sich darauf, account hocheffizient zu werden, und arbeiten Sie dann hart, indem Sie Ihren Kopf bis zum Anschlag anstrengen. Denken Sie daran, dass in jedem Moment, in dem Sie nicht arbeiten, jemand versucht, Sie zu schlagen. Denken Sie daran, dass Sie mit Ihrem Online-Geschäft Ihrer derzeitigen Position entkommen können. Es spielt keine Rolle, ob Sie in einem Job arbeiten, den Sie lieben, aber nicht mögen, oder ob Sie arbeitslos sind und Ihr eigenes Unternehmen von Grund auf aufbauen möchten. Harte Arbeit ist die Lösung für Ihre Probleme.

- **Scheuen Sie sich nicht, mit neuen Dingen zu experimentieren.**

Eines der Dinge, die ich entdeckte, als ich Online-Unternehmerin wurde, war das Ausprobieren neuer Ideen, um das eigene Einkommen zu steigern und die erfolgreichsten Dinge herauszufinden. Ich habe Online-Kurse auf Udemy und meiner Website entwickelt und verschiedene Blogs/Websites erstellt. Ich habe auch versucht, online zu verkaufen, mich in das Affiliate-Marketing vertieft und verschiedene andere Dinge ausprobiert, um mein Einkommen zu steigern. Die meisten davon sind gescheitert, aber eine Handvoll davon war erfolgreich, und es braucht nur wenige, um eine Karriere als Online-Unternehmer zu starten.

- **Kurzfristige Ziele setzen.**

Viele Menschen verbringen einen Großteil ihrer Zeit damit, Ziele zu formulieren. Ich finde das ein bisschen absurd, weil man nicht weiß, was im nächsten Jahr passieren wird. Die Gegenwart. Ich würde vorschlagen, sich Ziele für den Monat zu setzen, und das war's. Nehmen Sie sich ein Blatt Papier oder kaufen Sie ein Whiteboard bei Amazon und überlegen Sie, was Sie bis zum Ende des Monats erledigen könnten. Schreiben Sie sie auf. Wenn Sie fertig sind, hängen Sie das Whiteboard oder das Blatt Papier an dem Ort auf, an dem Sie jeden Tag arbeiten, damit Sie sich ständig daran erinnern und sich selbst dazu drängen können, die Ziele zu erreichen. So geht's. Legen Sie Ihre Ziele fest und erreichen Sie sie. Wenn Sie das ein Jahr lang jeden Monat tun können, haben Sie große

Fortschritte gemacht und werden anfangen, online Geld zu verdienen.

- **Scheuen Sie sich nicht, sich für eine Investition zu entscheiden.**

Wie hoch schätzen Sie die Erfolgschancen von Amazon ein, wenn Jeff Bezos nie etwas in das Unternehmen investiert hätte? Was halten Sie von Google? Was ist mit Facebook? Diese Unternehmen brauchten Kapitalinvestitionen, um erfolgreich zu sein; die Gründer glaubten genug an ihre Vision, um mit ihrem Kapital Risiken einzugehen. Denken Sie daran, dass auch Ihr Unternehmen Geld brauchen wird, und scheuen Sie sich nicht, im Rahmen Ihres Budgets zu investieren. Ich schlage vor, dass Sie ein Anfangsbudget aufstellen, mit dem Sie sich jeden Monat wohlfühlen.

- **Reinvestieren Sie Gewinne aus Ihrem Unternehmen.**

Wenn Sie endlich anfangen, Geld zu verdienen, müssen Sie jeden Cent wieder investieren. Nehmen Sie mindestens sechs Monate lang keine Zahlungen an. Wenn Sie dies erfolgreich und effizient tun können, wird Ihr Unternehmen sprunghaft wachsen. Ich habe das aus erster Hand erfahren. Es ist schwer, ein großes Geschäft zu machen, wenn Sie die meiste Zeit damit verbringen, Blogs zu schreiben und Videos zu drehen, sich um Kundenbeschwerden zu kümmern (erwägen Sie eine virtuelle Telefonnummer, um dies zu erledigen), oder irgendetwas anderes, das Sie auslagern können.

Wenn Sie rentabel arbeiten und bereit sind, in das Produkt zu investieren, das Sie entwickelt haben, können Sie das Outsourcing getrost in Kauf nehmen. So können Sie sich auf die wichtigeren Themen und die Ausrichtung Ihres Unternehmens konzentrieren. Ich hoffe, dass dieser Artikel Ihnen helfen kann, die Herausforderungen zu erkennen, die es mit sich bringt, Inhaber eines Online-Unternehmens zu sein. Diese Tipps habe ich aus eigener Erfahrung gelernt, und ich hoffe, dass sie Ihnen auf Ihrem Weg helfen werden.

Kapitel no.6

Unternehmer werden ohne Geld und Erfahrung.

Sie sind Ihr eigener Chef, treffen alle Entscheidungen und arbeiten hart, um Ihre Ziele zu erreichen - für viele Menschen ist das Unternehmertum das ultimative Ziel für ihre Karriere. Doch so einzigartig es auch klingen mag, ein eigenes Unternehmen zu haben. Aber es ist hart. Wie schwer ist es? Neunzig Prozent der Unternehmensgründungen scheitern. Unternehmer sind gestresster als der Rest von uns und leiden unter mehr Alltagsstress. Wenn man für das Endergebnis verantwortlich ist, fällt jeder Misserfolg auf einen selbst zurück. Das Gute daran ist, dass die Gründung eines Unternehmens zu den lohnendsten, aufregendsten und spannendsten Chancen gehören kann, die Sie jemals haben werden, wenn Sie sich der Gefahren bewusst sind und dennoch entschlossen sind, Unternehmer zu werden, die Tipps und Strategien aus diesem Leitfaden.

Wie man Unternehmer wird.

- Finden Sie profitable Startup-Konzepte.
- Sich auf die am schnellsten wachsenden Kategorien (oder Gruppen) konzentrieren und diese identifizieren.
- Eine unbefriedigte Nachfrage befriedigen.
- Etwas schaffen, das besser (oder billiger) ist als das derzeitige Angebot.

- Find profitable startup concepts.
- Focus on and identify the fastest growing categories (or groups).
- Satisfy an unmet demand.
- Create something that is better (or cheaper) than the current supply.

1. Rentable Startup-Konzepte finden.

Die Grundlage für ein erfolgreiches Unternehmen ist eine Idee. Es ist unmöglich, ein erfolgreiches Unternehmen ohne eine Idee aufzubauen. Hier sind einige innovative Strategien, um eine Idee für ein Produkt oder eine Dienstleistung zu finden. Finden Sie heraus, was sie stört. Was macht eine Dienstleistung erfolgreich? Sie löst ein Problem oder eine Frustration, für deren Beseitigung die Menschen Geld ausgeben würden. Fragen Sie also zunächst Ihre Freunde, was sie frustriert. Unternehmer finden Inspiration in ihren alltäglichen Frustrationen. Zum Beispiel:

- Travis Kalanick und Garret Camp gründeten Uber nach einer Zeit, in der sie Schwierigkeiten hatten, ein Taxi zu finden.
- Chris Riccobono gründete UNTUCK it Chris Riccobono brachte das Untucking-Sortiment mit Hemden auf den Markt, die gut aussehen, ohne dass man sie einstecken muss, nachdem er sich darüber geärgert hatte, wie faltig und unförmig seine Button-Down-Hemden aussahen, wenn er sie nicht einband.

Während Sie über Ihre Ideen nachdenken und ein Brainstorming durchführen, bitten Sie Ihre Freunde, die täglichen Dinge aufzuschreiben, die sie verärgern. Gehen Sie ihre Listen durch und suchen Sie nach Problemen, die Sie vielleicht lösen können.

Lernen Sie von anderen Startups im Entstehen.

Sich anzuschauen, was andere geschaffen haben, kann eine hervorragende Methode sein, um Ihren Denkprozess in Gang zu bringen. Schauen Sie sich die Produktjagd an, eine fortlaufende Sammlung der neuesten Apps, Websites, Spiele und Websites zur Inspiration in der digitalen Welt. Darüber hinaus ist Kickstarter eine hervorragende Quelle für physische Produkte. Es gibt zahlreiche Websites, auf denen Produkte bewertet werden, die Ihre Fantasie beflügeln können.

Achten Sie auf Trends, um Ihr Konzept zukunftssicher zu machen.

Die Welt entwickelt sich weiter und die Menschen verlangen nach anderen Produkten. In diesem Fall führte der Aufstieg von Uber, Lyft und anderen Mitfahrzentralen dazu, dass eine Drittanbieter-Anwendung benötigt wurde, die Sie über die günstigsten Fahrpreise informiert, die zu diesem Zeitpunkt verfügbar sind. Informieren Sie sich über Trendvorhersagen für Ihre Branche oder Ihren Markt oder schauen Sie in allgemeinen Trendvorhersage-Publikationen wie Trend Hunter und Spring wise nach. Fragen Sie sich: "Wenn diese Vorhersagen zutreffen, welche Instrumente werden dann benötigt?"

2. Wählen Sie die am schnellsten wachsenden Kategorien aus und konzentrieren Sie sich darauf (oder die Kategorien).

Stephen Key, Experte für Lizenzvergabe und Stratege für geistiges Eigentum, empfiehlt, ein Gebiet zu wählen, das einen reizt, aber nicht zu wettbewerbsintensiv ist. "Ich ziehe es vor, mich von Bereichen fernzuhalten, die notorisch schwierig sind, wie z. B. die Spielzeugbranche. Sie werden es viel leichter haben, Ihre Ideen zu lizenzieren, wenn Sie sich auf Produktkategorien konzentrieren, die expandieren und offen für Innovationen sind", erklärt er. Sobald Sie die Kategorie ausgewählt haben, die Sie untersuchen wollen, sollten Sie alle Produkte innerhalb dieser Kategorie untersuchen.

- Was sind die Vorteile der einzelnen Produkte und wie unterscheiden sie sich?

- Wie sieht ihre Marketing- und Verpackungsstrategie aus?
- Was denken die Rezensenten?
- Welche Verbesserungen könnten vorgenommen werden?

Nachdem Sie sich für ein Produkt entschieden haben, sollten Sie Fragen wie:

- Was können wir tun, um sie zu verbessern?
- Kann ich eine neue Funktion hinzufügen?
- Was halten Sie von einer anderen Art von Material?
- Kann ich es personalisieren?

3. Befriedigung einer unbefriedigten Nachfrage.

Viele Unternehmer gründen erfolgreiche Unternehmen, wenn sie eine Gelegenheit erkennen. Sie könnten zum Beispiel feststellen, dass es an einem qualitativ hochwertigen Outsourcing des Vertriebs mangelt. Da Sie bereits Erfahrungen in der Vertriebsentwicklung und im Account Management in Vertriebsunternehmen in der Frühphase gesammelt haben, können Sie diese Dienstleistung für Start-ups in der Technologiebranche anbieten.

4. Etwas schaffen, das besser (oder billiger) ist als das, was es gibt.

Es ist nicht immer notwendig, etwas Neues zu erfinden. Wenn Sie ein bestehendes Produkt zu einem niedrigeren Preis oder mit höherer Qualität oder im Idealfall beides anbieten können, werden Sie viele potenzielle Kunden finden. Hinzu kommt, dass es eine ständige Nachfrage gibt. Während Sie durch Ihren Tag gehen, sollten Sie eine Bestandsaufnahme der Dinge machen, die Sie tun. Überprüfen Sie diese Liste auf Dinge, die Sie ändern könnten.

Andere Ideen.

- **Schließen Sie sich mit anderen Unternehmern zusammen.** Nutzen Sie Eventbrite oder Meetup, um nach Veranstaltungen in den Startup-Communities der Region zu suchen. Durch den Kontakt mit anderen Unternehmern können Sie nicht nur nützliche Beziehungen knüpfen, sondern erhalten auch zahlreiche Konzepte.
- **Patentanmeldungen für die Forschung:** Patentanmeldungen werden im Allgemeinen etwa 18 Monate nach ihrer Einreichung veröffentlicht. Wir raten zwar davon ab, Erfindungen direkt zu kopieren, aber ein Blick in diese Dokumente vermittelt ein Gefühl dafür, wohin sich das Feld entwickelt.
- **Brainstorming-Sitzung:** Um Ihre Kreativität anzuregen, laden Sie drei bis fünf andere unternehmerisch denkende Personen zu einem Brainstorming ein. Bitten Sie alle, über ein bestimmtes Thema oder eine bestimmte Frage zu sprechen, z. B. "Was ist Ihre Lieblingsart von X und warum?" Oder "Haben Sie irgendwelche Werkzeuge, um das

zu erreichen, was Sie erreichen wollen? Habt ihr einen Grund dafür oder nicht?" Aus den Antworten könnten sich einige schöne Ideen ergeben.

5. Überprüfen Sie das Konzept Ihres Startups mit Customer Persona Research.

Toll, Sie haben sich etwas überlegt. Aber geben Sie Ihren Job noch nicht auf. Bevor Sie sich ganz darauf einlassen, müssen Sie sich darüber im Klaren sein, wer Ihr Produkt nachfragen wird. (Um die Effektivität Ihres Produkts auf dem Markt einschätzen zu können, müssen Sie zunächst die Persona des Käufers kennen, d. h. die Personen, denen Sie Ihr Produkt verkaufen wollen. Wenn Ihr Produkt nicht auf ein tatsächliches Bedürfnis abzielt, werden sie sich nie dafür interessieren, egal wie cool oder innovativ es auch sein mag. Aus diesem Grund sind Buyer Personas und Marktforschung so wichtig. Nachdem Sie Ihren idealen Kunden gefunden haben, ist die Befragung derjenigen, die die Kriterien erfüllen, ein wesentlicher Teil Ihrer Untersuchung. Führen Sie ihnen Ihre Dienstleistung live vor, und fragen Sie sie, ob sie zufrieden sind, ob sie sie nicht mögen, wie viel sie dafür ausgeben würden, wie oft sie sie in Anspruch nehmen würden und so weiter.

Wenn Sie das Interesse der Kunden vor der Markteinführung eines anderen Produkts testen möchten, erstellen Sie eine Landing Page, auf der Sie das Produkt oder die Dienstleistung erklären, die Sie anbieten. Fordern Sie die Nutzer auf, ihre E-Mail-Adressen für einen frühzeitigen Zugang, ein unbezahltes Abonnement, eine Mitgliedschaft oder ein Produkt, einen Rabatt, neue Produktankündigungen oder andere attraktive Angebote anzugeben. Bewerben Sie das Video über soziale Netzwerke, bezahlte Suche usw. Und beobachten Sie die Anzahl der Besucher, die sich registrieren.

6. Beginnen Sie mit einer minimal rentablen Produktion (MRP).

Die MRP-Version ist die einfachste und unkomplizierteste Version des Produkts oder der Dienstleistung, die Sie anbieten können. Sie reicht aus, um die ersten Kunden zufriedenzustellen und eine Vorstellung davon zu bekommen, wie Sie sich verbessern können. Nehmen wir an, Sie möchten eine App entwickeln, die Schüler mit virtuellen Nachhilfelehrern verbindet. Sie könnten eine Minimalversion erstellen, manuell 150 Tutoren aus dem Internet einladen, sich anzumelden, und den Link zur Anwendung auf der Facebook-Seite des Campus veröffentlichen. Wenn sich eine annehmbare Anzahl von Personen anmeldet, ist das ein Zeichen dafür, dass Sie den nächsten Schritt tun müssen. Wenn Sie nur wenige Anmeldungen erhalten, sollten Sie das Konzept noch einmal überdenken oder einen neuen Anfang machen. Fangen Sie klein an und verwenden Sie einen MRP, um die Kosten zu senken und gleichzeitig Raum für Wachstum zu schaffen, wenn Ihr Produkt verifiziert ist.

7. Entwicklung einer Geschäftsstrategie.

Der Geschäftsplan kann als formelles Dokument beschrieben werden, das Ihre Unternehmensziele und die Schritte zur Erreichung dieser Ziele umreißt. Er könnte eine Marketingstrategie und ein Budget sowie Finanzprognosen und Etappenziele enthalten. In Ihrer Rolle als Unternehmer besteht die Aufgabe darin, die Ziele, den Auftrag sowie die kurz- und langfristigen Ziele Ihres Unternehmens festzulegen. Während Sie diese Art von Plan für die strategische Entwicklung Ihres Unternehmens erstellen, ist der Geschäftsplan das Ergebnis Ihrer Bemühungen und trägt zum Wachstum Ihres Unternehmens bei.

8. Ständige Verbesserung als Reaktion auf Feedback.

Seien Sie sich darüber im Klaren, dass Ihr MRP wahrscheinlich nicht ausreicht, um auf den von Ihnen ausgewählten Märkten relevant zu bleiben, insbesondere wenn Sie große Ziele für Ihr Unternehmen haben. Der nächste Schritt besteht darin, Begeisterung und Interessenten zu wecken (Marketingprodukte), Kunden zu gewinnen (Ihr Produkt zu verkaufen), die Zufriedenheit zu messen und das Produkt auf der Grundlage des Feedbacks zu verbessern... Und dann wiederholen. Die Fähigkeit, alle Komponenten dieses Schwungrads zu optimieren, kann das Einkommen generieren, das erforderlich ist, um in das Produkt zu investieren, und die Investition in das Produkt wird zusätzliches Interesse wecken bei:

- Kunden, die mit ihrem Service zufrieden sind, empfehlen ihn durch Mundpropaganda weiter
- Wettbewerbsfähigere Angebote, die neue Kunden anziehen.

9. Finden Sie einen Investor, der ein Mitbegründer ist

Es ist eine weit verbreitete Meinung, dass man sich einen Mitgründer für sein eigenes Unternehmen suchen sollte. Ein Mitgründer hat drei Vorteile.

1. Es ist viel einfacher, Kapital zu beschaffen. Es spielt keine Rolle, ob mehrere Gründer zum Erfolg eines Unternehmens beitragen; viele Risikokapitalgeber glauben jedoch, dass dies

der Fall ist. Sie sind nicht geneigt, in Einzelgründer zu investieren.

2. Sie erhalten emotionale Unterstützung. Die Führung eines Unternehmens ist eine anstrengende, aufregende und herausfordernde Erfahrung. Wenn Sie die emotionale Achterbahn ganz allein durchlaufen, haben Sie niemanden, mit dem Sie Ihre Freude teilen können, wenn die Dinge gut laufen - oder die Flauten durchstehen. Ein Mitgründer weiß, was Sie durchmachen, und hilft Ihnen, sich weniger isoliert zu fühlen.

3. Er könnte verschiedene Fähigkeiten, Kenntnisse und Verbindungen anbieten. Vielleicht sind Sie gut im Verkauf, während Ihr Mitgründer über mehr technische Fähigkeiten verfügt. Sie haben viele Verbindungen und haben schon einmal ein Unternehmen gegründet. Die Wahl eines Mitgründers mit persönlichem Lebenslauf ist eine fantastische Methode, um Ihre Erfolgschancen zu erhöhen.

Es gibt jedoch auch Nachteile, wenn man Mitgründer hat.

1. Es wird Konflikte geben. Sie und Ihr Partner werden immer uneins sein. Eine gesunde Debatte kann produktiv sein, aber Sie vergeuden wertvolle Zeit und Mühe, wenn Sie nicht schnell zu einer Lösung kommen. Darüber hinaus könnten Sie die Moral Ihres Teams schädigen.

2. Es besteht die Notwendigkeit, das gesamte Kapital aufzuteilen. Wenn Sie der alleinige Eigentümer Ihres Unternehmens sind, werden Sie

mit 100 Prozent Eigenkapital beginnen. Wenn die Zeit vergeht und Sie weitere Mitarbeiter einstellen oder Geldmittel erhalten, werden Sie dieses Kapital aufteilen. Allerdings werden Sie wahrscheinlich 0,005 Prozent bis zu 35 % des Eigenkapitals an eine Person abgeben, je nachdem, wer sie ist. Wenn Sie Mitbegründer sind, geben Sie automatisch 40 bis 60 % Ihres Unternehmens auf einen Schlag ab.

3. Es ist nicht leicht, jemanden zu finden. Es ist nicht einfach, jemanden zu finden, der eine ähnliche Geschäftsethik, einen ähnlichen Arbeitsstil und eine ähnliche Persönlichkeit hat. Außerdem müssen sie von Ihrer Vision überzeugt sein, über die entsprechenden Fähigkeiten verfügen und auch den Wunsch haben, Ihre Mitgründer zu werden. Das ist keine leichte Aufgabe. Es gibt viele Beispiele für erfolgreiche Unternehmen mit nur einem Gründer, aber auch für erfolglose Start-ups, die an Konflikten zwischen Mitgründern gescheitert sind. Entscheiden Sie sich für eine Vorgehensweise, die Ihren Umständen entspricht, und nicht für konventionelle Ratschläge.

Wie man einen Gründer oder Mitgründer findet.

Wenn Sie sich entschlossen haben, ein Unternehmen mitzugründen, besteht Ihre nächste Aufgabe darin, ein solches zu finden. Berücksichtigen Sie zunächst Ihr Netzwerk. Sie können jemanden auswählen, den Sie kennen oder dessen Bekannte bestätigen können, dass es sicherer ist, als eine unbekannte Person auszuwählen. Es handelt sich um eine Reverse-

Engineering-Strategie, und Sie haben eine größere Chance, sie für Ihre Gruppe zu gewinnen, wenn sie in einer Beziehung ersten und zweiten Grades stehen. Wenn Sie sich jedoch an Ihre Netzwerke gewandt haben, aber kein Glück hatten, gibt es mehrere "Mitgründerverbindungsdienste", die Sie nutzen können.

- **Stealth. li**
- **- die Gründernation**

Sie können auch zu lokalen Unternehmerveranstaltungen gehen, um mit potenziellen Partnern in Kontakt zu treten.

Wie man Fördermittel erhält.

Um Geld zu verdienen, müssen Sie Geld investieren. Um Ihr Start-up zu finanzieren, können Sie folgende Alternativen in Betracht ziehen:

1. Ihre Familie und Freunde sollten ermutigt werden, sich an Ihrem Unternehmen zu beteiligen.

Viele Unternehmer verlassen sich auf Familie und Freunde, wenn es um eine Erstinvestition geht. Dies wird in der Regel als "Seed-Runde" bezeichnet. "Seed-Runde". Sie können Geldmittel gegen eine Investition in Ihr Startup eintauschen (d. h., dass Ihr Verwandter 4 Prozent des Unternehmens erhält, nachdem Sie ihm 12.000 Dollar gegeben haben). Sie können auch um ein privates Darlehen (mit oder ohne Zinsen) bitten oder sogar Spenden machen.

2. Antrag auf einen Zuschuss für kleine Unternehmen.

Landes-, Bundes- und Kommunalverwaltungen bieten Programme für kleine Unternehmen an, z. B. Kreditprogramme mit niedrigen Zinssätzen, Risikokapital und Zuschüsse. Viele Unternehmen kommen für diese Programme nicht in Frage, so dass Sie möglicherweise keine finden können. Es lohnt sich jedoch, nachzuforschen, denn es ist kostenloses Geld!

3. Nutzen Sie eine Crowdfunding-Plattform.

Kickstarter, Indiegogo, GoFundMe, Fundable und viele andere Crowdfunding-Plattformen ermöglichen Ihnen die Finanzierung über Online-Kampagnen. Dieser Ansatz hilft Ihnen nicht nur bei der Kapitalbeschaffung, sondern ermöglicht es Ihnen auch, frühzeitig Feedback zu Ihrem Produkt und Ihrer Marke zu erhalten. Und wenn Sie eine spannende Geschichte oder ein fantastisches Produkt zu erzählen haben, dann drücken Sie oft.

4. Präsentieren Sie Ihr Pitch vor einem Angel-Investor.

Angel-Investoren suchen nach Unternehmen in der Frühphase, die ihre Investition verdoppeln oder sogar verdreifachen können. Sie investieren in der Regel zwischen 25.000 und 50.000 $. Dabei berücksichtigen sie den potenziellen Wert der Zukunft eines Unternehmens und wie einfach es sein wird, diesen zu erreichen. Sie werden sich genau vergewissern, dass Sie die Anforderungen Ihrer Kunden und des Marktes, auf dem Sie tätig sind, kennen und auch wissen, wie Sie Geld verdienen und wie Sie es vermehren werden. Sie müssen einen soliden Geschäftsplan und erste Anzeichen von Erfolg vorweisen können (z. B. "der typische Nutzer wirbt innerhalb der ersten Woche zwei weitere Nutzer an" oder "wir haben unseren Umsatz zwischen Januar und März um ein Drittel gesteigert"). Zusätzlich zu den Geldern der Engel haben Sie Zugang zu deren Erfahrung und Verbindungen. Im Gegenzug können sie Eigenkapital tauschen.

5. Einwerbung von Risikokapital.

Risikokapitalgeber sind auf der Suche nach kleinen, privaten Unternehmen, die jung sind und wachsen. Wie Angel-Investoren suchen VC-Firmen nach risikoreichen Investitionsmöglichkeiten, die hohe Erträge abwerfen. Die von ihnen angestrebte Rendite hängt davon ab, wie reif Ihr Unternehmen ist. Wenn sie investieren, bevor das Unternehmen an die Börse geht oder aufgekauft wird, ist eine 3fache Rendite gut. Wenn eine VC-Firma jedoch früh investiert, wird sie wahrscheinlich eine 7- bis 10-fache Rendite anstreben.

6. Nutzen Sie eine Kreditkarte, um kurzfristig Bargeld zu erhalten.

Im Allgemeinen ist es nicht empfehlenswert, Ihre Kreditkarte für geschäftliche Ausgaben zu verwenden, es sei denn, Sie haben die Mittel, um den Restsaldo zu begleichen. Manchmal haben Sie keine andere Wahl, als bar zu bezahlen, und das ist dringend notwendig. Aber der Verlust Ihrer Kreditwürdigkeit und die Anhäufung übermäßiger Kreditkartenschulden könnten sich langfristig auf Ihr Unternehmen auswirken (ganz zu schweigen von Ihrem finanziellen Wohlergehen).

7. Sie können ein Mikrodarlehen erhalten.

Im ersten Jahr Ihrer Geschäftstätigkeit können Sie keinen Kredit aufnehmen, da die Kreditgeber nicht bereit sind, eine solch riskante Investition zu tätigen. Aber Sie können das von der Small Business Administration angebotene Mikrokreditprogramm in Anspruch nehmen. Kleinunternehmen können bis zu 50.000 $ erhalten, während der durchschnittliche SBA-Kredit 13.000 $ beträgt. Mikrokreditgeber und gemeinnützige Darlehensgeber sind zwei weitere Möglichkeiten. Sie richten sich in der Regel an Unternehmer, die einer Minderheit angehören oder am Rande der Gesellschaft stehen. Ihre Kreditbedingungen sind im Allgemeinen fair. Der Leitfaden von NerdWallet für die besten gemeinnützigen Kreditinstitute in den USA ist eine ausgezeichnete Quelle.

8. Bootstrap it.

Es besteht keine Notwendigkeit, Geld von jemand anderem zu nehmen, als Sie es wollen. Manche Unternehmen nehmen gar nicht erst Geld auf. Ihre Gründer decken die anfänglichen Kosten selbst; sobald das Unternehmen rentabel ist, decken die Einnahmen die gesamten Kosten. Bei dieser Option können Sie (und Ihre Mitgründer) mehr von Ihrem Unternehmen behalten, wenn Sie bereits eines haben. Allerdings kann Ihr Unternehmen nicht so schnell und ohne erhebliche Finanzmittel wachsen. Wenn Sie sich entschließen, ein Unternehmen von Grund auf neu zu gründen, sollten Sie darauf achten, dass Ihr Budget so schlank wie möglich ist, um die Lebensdauer Ihres Unternehmens zu verlängern.

Wie Sie Ihr Unternehmen gründen.

Irgendwann werden Sie sich entscheiden müssen, ob Sie Ihr Unternehmen gründen wollen. Als Einzelunternehmer werden sowohl Ihr Unternehmen als auch Sie selbst als eine Einheit betrachtet. Wenn Sie Ihr Unternehmen gründen, wird es von Ihnen getrennt. Aus rechtlicher Sicht kann es Immobilien kaufen und verkaufen, Steuern zahlen, klagen und verklagt werden, Verträge schließen und andere Straftaten begehen.

Die Vorteile der Eingliederung.

Am wichtigsten ist, dass ein Unternehmen sein Vermögen vor der Belastung durch geschäftliche Verpflichtungen und Schulden schützt. Gläubiger versuchen in der Regel, aus dem Vermögen des Unternehmens zu zahlen, nicht aber aus Ihrem Vermögen (wie Ihrem Haus, Ihrem Auto, Ihrem Bankkonto und anderen Dingen). Außerdem sind Sie rechtlich nicht für die Handlungen des Unternehmens verantwortlich. Jeder, der Ihr Unternehmen verklagt, verklagt auch Ihr Unternehmen. Die Gesellschaft, an der Sie beteiligt sind, erlaubt Ihnen, Anteile zu übertragen. Sie können auch einen Teil Ihres Anteils an einem Unternehmen verkaufen, ihn an ein anderes Unternehmen übertragen oder sogar verschenken. Wenn Sie externe Investitionen tätigen oder einen zusätzlichen Partner aufnehmen möchten, ist ein Verkauf erforderlich. Der Status einer Kapitalgesellschaft verleiht Ihnen auch mehr Glaubwürdigkeit, was Ihnen helfen kann, Investitionskapital zu erhalten. Darüber hinaus können Unternehmen ihre Betriebsausgaben absetzen, bevor sie das Einkommen zuweisen.

Die Nachteile der Eingliederung.

Es ist eine zusätzliche Steuerbelastung. Sie müssen regelmäßig Ihre Steuererklärungen beim Staat einreichen und jährliche Gebühren zahlen. Das Verfahren ist langwierig und zeitraubend. Die Beauftragung eines Anwalts kann zwischen einigen hundert und tausenden von Dollar kosten. Es ist nicht notwendig, ein Unternehmen zu gründen, denn es gibt verschiedene Unternehmensstrukturen, aus denen Sie wählen können. Es ist jedoch eine gute Idee, eine Gesellschaft zu gründen, wenn Sie einen Mitgründer haben, externe Mittel benötigen oder rechtlichen Schutz wünschen. Nachdem Sie sich für die Gründung entschieden haben, müssen Sie sich für eine Gesellschaft mit beschränkter Haftung (LLC) oder eine S-Corporation entscheiden. Die SBA bietet einen hilfreichen Leitfaden für die Auswahl der besten Organisationsstruktur.

Hilfe und Unterstützung für Unternehmer.

Finanzielle Ressourcen.

Wie bereits erwähnt, erweitern Unternehmer ihr Unternehmen in der Regel durch Bootstrapping (d. h. sie sichern sich die Mittel selbst), indem sie Kleinstkredite in Anspruch nehmen oder sich von Investoren finanzieren lassen. Hier sind einige Ressourcen, die Sie sich ansehen können:

- **SBA**-Finanzierungsprogramme Die SBA hilft bei der Suche nach Geldgebern, der Sicherung von Investitionskapital, der Gewährung von Zuschüssen und vielem mehr.
- **Inkubatoren für Start-ups** bieten Ressourcen für die Expansion des Unternehmens durch die Gewährung von Eigenkapital. Viele Gründerzentren sind vom Standort oder der Branche abhängig. Organisationen wie die International Business Innovation Association und Incubator List können Ihnen jedoch dabei helfen, Kontakte zu Inkubatoren zu knüpfen.
- **Angel-Investitionen**. Angel-Investoren setzen ihre Mittel für Investitionen ein und konzentrieren sich darauf, Unternehmern bei der Entwicklung und Expansion im Austausch gegen Eigenkapital zu helfen. Viele Angel-Investing-Gemeinschaften sind auch standortabhängig; Organisationen wie Seed Invest und AngelList können Sie jedoch bei der Suche nach akkreditierten Investoren unterstützen.
- **Risikokapital** - Risikokapitalgeber investieren nicht mit ihrem eigenen Geld. Sie investieren, gehen also weniger Risiken ein und sind weniger bereit, sich auf Bedingungen einzulassen. Aus diesem Grund sollten Sie sich von VC-Finanzierungen fernhalten, bis Sie Ihr Unternehmen etabliert haben. Gust und die National Venture Capital Association und Gust können Sie bei der Beschaffung von VC-Kapital unterstützen.

Beistand und Beratung.

Die Finanzlücke ist nicht die einzige Hürde, die es bei der Gründung eines Unternehmens zu überwinden gilt. Sie könnten auch mit dem Problem der Wissenslücken konfrontiert werden. Hier sind Beratung, Schulung und Fürsprache entscheidend.

- **SBA** Learning Center. Die SBA stellt eine Lernplattform zur Verfügung, die darauf ausgerichtet ist, Kleinunternehmer zu schulen und zu befähigen, den Prozess zu durchlaufen. Dazu gehören Kurse, Unternehmensleitfäden und Entwicklungsprogramme.
- **Business Hubs**. Kommunalverwaltungen können Unternehmen gründen, die erschwingliche Arbeitsräume, Netzwerke und andere Ressourcen vereinen, die kleinen Unternehmen helfen, eine lokale Wirtschaft aufzubauen. Sie sind ganz und gar ortsspezifisch und eher in Städten anzutreffen, aber erkundigen Sie sich unbedingt nach einer möglichen Initiative in Ihrer Region.

- **Berufs- und Fachverbände und Unternehmensgruppen**. Die Mitgliedschaft in einem Berufsverband kann Ihnen helfen, Vertrauen bei Ihren Kunden aufzubauen; sie ist jedoch in der Regel mit zusätzlichen Vorteilen verbunden, wie z. B. Jobbörsen, rechtlichen Ressourcen, Kursen zur Weiterbildung und vielem mehr. Diese sind in der Regel standort- oder branchenspezifisch.

Netzwerke unterstützen.

Wenn Sie sich dazu entschließen, ein Unternehmen zu gründen, müssen Sie sich möglicherweise mit bestimmten Aspekten des Eigentums an einem Unternehmen und der Unternehmensführung auseinandersetzen. Ein Aspekt des Bewusstseins ist, dass Sie sich den Herausforderungen und Schwierigkeiten nicht selbst stellen müssen. Dieser Lernprozess kann durch die Teilnahme an unternehmerischen Netzwerken, Gruppen und Veranstaltungen zum Wissenserwerb verlangsamt und reduziert werden. Ihr Problem oder Ihre Schwachstelle könnte ein Problem sein, mit dem ein Gruppenmitglied bereits konfrontiert war, und Sie könnten von dessen Erfahrung profitieren. Außerdem könnten Sie über Informationen verfügen, die anderen Unternehmern helfen könnten, die in Not sind. So bauen Sie Ihr Unterstützungsnetzwerk auf.

- **Finden Sie Veranstaltungen für Unternehmer und nehmen Sie daran teil.** Die SBVg bietet sowohl persönliche als auch Online-Veranstaltungen für Unternehmer an. Verwenden Sie die Suchfunktion, um

Veranstaltungen zu finden, die für Ihre spezielle Situation am besten geeignet sind.
- **Treten Sie bestehenden Organisationen und Beratungsgremien bei.** Organisationen wie die Entrepreneurs Organization und das Tugboat Institute sowie Vistage bieten Mitgliedschaft und Unterstützung für Unternehmer.
- **- Sie können einen fachkundigen Business-Coach oder Mentor finden.** Die persönliche Betreuung durch einen Coach oder Mentor kann Ihnen dabei helfen, Probleme in einer Eins-zu-eins-Situation anzugehen und sich als Führungskraft weiterzuentwickeln.

Der Weg zum Unternehmer ist nicht einfach, aber er ist unglaublich befriedigend.

Kapitel no.7

The path to becoming an entrepreneur is not easy, but it is incredibly satisfying.

Was ist Online Business?

Die Definition des Online-Geschäfts ist die Geschäftstätigkeit, die über das Internet stattfindet. Wenn ein Unternehmen einen Online-Shop einrichtet, um seine Produkte zu verkaufen, kaufen die Kunden ihre Waren über das Internet.

In welchen Ländern wird Online Business genutzt?

Der Aufstieg der Technologie im Internet hat die Art und Weise, wie Unternehmen ihre Geschäfte führen, verändert - zahlreiche Branchen wie Kino, Transport und Medizin nutzen Websites, um mit ihren Kunden zu kommunizieren. Viele Unternehmen verlassen sich vollständig auf das Internet. Auch wenn ein Online-Unternehmen wie ein herkömmliches Unternehmen arbeitet, gibt es doch einige deutliche Vor- und Nachteile. Die Vor- und Nachteile sind vor der Gründung eines Online-Unternehmens zu bedenken.

Vorteile des Online-Geschäfts

Glaubwürdigkeit.

Ein Vorteil dieses Unternehmensmodells ist die Tatsache, dass es Glaubwürdigkeit verleiht. Um mit einem stationären Modell zu beginnen, müssen Sie in der Regel eine Menge Geld in die Infrastruktur investieren. Kunden und andere Unternehmen sind sich dessen bewusst, und das zeigt Ihr Engagement auf dem Markt. Jeder kann mit einem Online-Geschäft für nur ein paar hundert Dollar beginnen. Ein stationäres Geschäft zeigt, dass Sie auf Langfristigkeit bedacht sind.

Verkauf von verderblichen Waren.

Ein stationäres Geschäft ist von Vorteil, wenn Sie ein Unternehmen haben, das verderbliche Lebensmittel verkauft, wie z. B. ein gehobenes Lebensmittelgeschäft. Auch wenn einige Unternehmen Lebensmittel über das Internet anbieten, verschafft Ihnen ein physisches Geschäft, zu dem die Kunden gehen können, einen Vorteil auf diesem Markt. Der Versand von frischen Lebensmitteln kann kompliziert sein und führt häufig zu Schäden oder Verderb. Mit einem Ladengeschäft können Sie Lebensmittel einkaufen und sofort verkaufen, um sicherzustellen, dass sie bei der Auslieferung an den Verbraucher frisch sind.

Verschiedene Zahlungsarten.

In einem stationären Ladengeschäft können Sie verschiedene Zahlungsmöglichkeiten für Ihre Kunden akzeptieren. Wenn Sie die Vielfalt der verfügbaren Zahlungsmethoden erhöhen können, steigt die Wahrscheinlichkeit, dass der Verkauf zustande kommt. Wenn Sie z. B. einen Online-Shop betreiben, können Sie in der Regel Zahlungen per Debit- oder Kreditkarte oder über einen externen Zahlungsdienstleister wie PayPal akzeptieren. Wenn Sie ein Ladengeschäft betreiben, können Sie auch Schecks und Bargeld akzeptieren.

Langfristige Kosten.

Unternehmen, die online tätig sind, haben deutlich niedrigere Betriebskosten als traditionelle Unternehmen. Ein Online-Unternehmen benötigt nur sehr wenig Bürofläche oder sogar kein Büro. So können die Unternehmen die Kosten für die

Anmietung physischer Büroräume einsparen. Und wenn es keinen physischen Standort für das Unternehmen gibt, sinken auch die Kosten für die Einstellung von Mitarbeitern.

Personalisierung.

Der Grad der Zufriedenheit, den ein Online-Unternehmen bietet, ist höher als bei einem traditionellen Unternehmen mit Büro. Ein konkurrenzloses Geschäftsmodell bietet ein höheres Maß an Individualisierung im Online-Geschäft. In einem Online-Geschäft stehen dem Kunden viele Optionen für die individuelle Gestaltung zur Verfügung. Der Kunde muss sich für eine Option entscheiden und den Kauf tätigen. Mit diesen Schritten ist es möglich, das Kundenerlebnis zu verbessern.

Die Verfügbarkeit.

Ein Online-Geschäft unterliegt keinen zeitlichen Beschränkungen, im Gegensatz zu traditionellen Geschäften, die an Öffnungs- und Schließzeiten gebunden sind. Online-Geschäfte sind rund um die Uhr geöffnet; sie bieten mehr Möglichkeiten, Verkäufe zu tätigen. Je nach Bedarf können die Kunden jederzeit einkaufen, wenn sie Zugang zum Internet haben.

Erreichbarkeit.

Online-Unternehmen sind auch nicht an geografische Grenzen gebunden. Die Kunden können von überall auf der Welt eine Bestellung aufgeben. Aber nur, wenn Sie Zugang zum Internet haben. Dies ist einer der Gründe, warum Unternehmen Online-Strategien bevorzugen, um internationale Kunden zu erreichen.

Die Adaption.

Wenn Sie der Inhaber Ihres eigenen Online-Unternehmens sind, haben Sie das Recht, die Marktanforderungen anzupassen. Handelt es sich um einen persönlichen Blog oder ein Online-Geschäft, wird dem Nutzer das Recht zur Aktualisierung eingeräumt. Im Falle einer Aktualisierung wird der Benutzer sofort über E-Mail-Marketing oder eine andere Art der Kommunikation informiert.

6. Kundendaten.

Ein wichtiger Aspekt jedes Unternehmens ist das Sammeln von Informationen über Kunden. Online-Unternehmen ermöglichen es ihren Kunden, Daten über ihre Kunden und deren Verhalten zu sammeln. Das alles geschieht mit minimalem

Aufwand. Durch die Analyse dieser Daten kann das Unternehmen die notwendigen Änderungen vornehmen, um die Kundenerfahrung zu verbessern. So lässt sich zum Beispiel für einen Online-Shop feststellen, welche Produkte am spannendsten sind, aus welchem Land die meisten Verkäufe stammen und welches die beliebteste Zahlungsmethode ist.

7. Kundenkontakt.

Über ein Online-Unternehmen können Sie mit Kunden aus der ganzen Welt in Kontakt treten. Wer aus einer bestimmten Region kommt, ist mit größerer Wahrscheinlichkeit ein potenzieller Kunde für Ihr Unternehmen. Selbst kleine Unternehmen haben die Möglichkeit, mit Kunden aus der ganzen Welt in Kontakt zu treten. Letztendlich könnte dies zu den höchsten Umsätzen führen, die durch Offline-Geschäfte nicht erreicht werden können.

Die Nachteile des Online-Geschäfts.
1. Kosten der Inbetriebnahme.

Während Online-Unternehmen im Laufe der Zeit von Kosteneinsparungen profitieren können, ist dies bei der Umsetzung nicht der Fall. Das Unternehmen muss bereit sein, die enormen Anfangskosten zu tragen, da die Website von Fachleuten erstellt und gepflegt werden muss.

Außerdem fallen zusätzliche Kosten für SEO und Hosting an, die die Gesamtkosten erhöhen können.

2. Sicherheit.

Viele Menschen fühlen sich nicht wohl bei dem Gedanken, geschäftliche Transaktionen über das Internet abzuwickeln. Die rasche Zunahme von Online-Transaktionen hat die Aufmerksamkeit von Hackern auf sich gezogen. Es hat zahlreiche Betrugsfälle gegeben, bei denen gefälschte Unternehmen Finanzinformationen nutzen, um Kunden zu betrügen. Aus diesem Grund zögern die Verbraucher, private Informationen online weiterzugeben.

3. Wettbewerb.

Ein Online-Geschäft zu führen ist keine leichte Aufgabe, denn der Wettbewerb in der Online-Welt ist hart. Die großen Unternehmen kommen immer mit effektiveren Werbeaktionen, Marketing und preisgünstigeren Produkten, die Ihnen Ihr Geschäft wegnehmen können. Wenn die richtige Geschäftsstrategie nicht befolgt wird, könnte das Unternehmen erhebliche Verluste erleiden.

4. Vertrauen.

Das Online-Geschäft ist ein reiner Online-Prozess. Er basiert nicht auf menschlicher Interaktion. In diesem Fall ist es nicht einfach, das Vertrauen der Kunden zu gewinnen. Dies gilt insbesondere für kleine Unternehmen, die keinen zuverlässigen Markennamen haben. Es kann einige Zeit dauern, bis sie sich als echt erweisen.

5. Kundenzufriedenheit.

Es liegt auf der Hand, dass die Kunden bei Online-Geschäften wie E-Commerce-Websites nicht die Möglichkeit haben, mit dem Produkt physisch zu interagieren. Wenn das Produkt jedoch an den Kunden übergeben wird, gibt es keine Garantie, dass er mit dem Produkt zufrieden sein wird. Wenn der Käufer nicht das gewünschte Produkt erhält, kann er das Produkt zurückgeben.

6. Technische Fragen.

Es kommt häufig vor, dass Websites nicht funktionieren. Wenn auf Ihrer Unternehmenswebsite Probleme auftreten, werden die Kunden möglicherweise mit einer Fehlermeldung konfrontiert. Wenn der Fehler nicht behoben wird, bleibt das Problem mehrere Tage lang bestehen. Es könnte Kunden davon abhalten, geschäftliche Transaktionen durchzuführen oder sogar Ihre Website zu besuchen.

7. Kundenbetreuung.

Im Gegensatz zu einem traditionellen Unternehmen kann ein internetbasiertes Unternehmen nicht von Angesicht zu Angesicht miteinander kommunizieren. Das ist ein großes Problem für die Kunden, da die meisten von ihnen eine direkte Kommunikation bevorzugen.

Zwar bieten einige Unternehmen im Internet die Möglichkeit, per Chat, E-Mail oder über den Kundendienst Kontakt aufzunehmen, doch reicht dies nicht aus, um die Servicequalität eines persönlichen Gesprächs zu bieten.

Unterschiede zwischen E-Business und traditionellem Geschäft.

Unternehmer, die das Unternehmen ihrer Träume gründen wollen, müssen die Unterschiede zwischen einem Online-Geschäft und einem etablierten Geschäftsmodell berücksichtigen. Die

Unterschiede bedeuten nicht, dass das eine dem anderen überlegen ist. Das eine Modell eignet sich möglicherweise besser für bestimmte Arten von Dienstleistungen und Produkten. Bestimmte Unternehmen können von einer Mischung aus beiden Modellen profitieren.

Der Unterschied in Bezug auf die Gemeinkosten.

Die meisten E-Business-Modelle sind in Bezug auf die Gemeinkosten und die Anlaufkosten günstiger als traditionelle Geschäftsmodelle, bei denen ein stationäres Geschäft genutzt wird. Der Wegfall der Kosten für den Standort, das Personal und die Versorgungseinrichtungen, die für stationäre Geschäfte erforderlich sind, hilft den Unternehmen, ihre Gewinne zu steigern. Wenn Sie sich für ein stationäres Modell entscheiden, benötigen Sie auch eine Online-Präsenz. Die Kosten für Entwicklung und Marketing entfallen beim traditionellen Geschäftsmodell nicht. Viele der neuesten E-Commerce-Modelle nutzen Affiliate-Marketing mit großen Unternehmen wie Amazon oder Drop-Shipping-Unternehmen wie Shopify. Dies senkt die Betriebskosten, da der Bedarf an Inventar vollständig entfällt.

Bedeutung der Bequemlichkeit für die Verbraucher.

Mit dem Aufschwung des Online-Handels wird es für traditionelle Einzelhändler immer schwieriger, mit Kunden zu konkurrieren, die ein einfaches Einkaufserlebnis suchen. Es gibt jedoch eine Gruppe von Kunden, die ein echtes

Einkaufserlebnis und die Möglichkeit, Produkte zu betrachten und Kleidung anzuprobieren, vorziehen. Manche Verbraucher schätzen auch den persönlichen Kontakt, den der stationäre Handel bietet. Einige wenige Unternehmen können an ein striktes E-Business-Modell angepasst werden. Ärzte, Anwälte und Zahnärzte können ihre Dienstleistungen nicht ausschließlich online anbieten.

Verschiedene Marketing-Strategien.

Unternehmen, die ausschließlich online tätig sind, verfügen in der Regel über ein größeres Budget für Marketing im Internet als traditionelle Unternehmen. Traditionelle Unternehmen diversifizieren in der Regel ihre Marketingstrategien, um Kunden aus lokalen Gebieten und der Online-Bevölkerung zu gewinnen. Unternehmen, die online verkaufen, investieren mehr Zeit in Blogs, soziale Medien und Werbung für Suchmaschinen. Facebook-Seiten gehören heute zu den immer beliebteren Methoden des E-Business-Marketings und der Markenerkennung. Einige Online-Unternehmen verlassen sich ausschließlich auf budgetfreundliche oder No-Budget-Kampagnen, während andere Anzeigen mit großen Budgets schalten. Traditionelle Unternehmen nutzen in der Regel die gleichen Methoden im Internet, wenn auch gelegentlich in geringerem Maße. Ziegelstein- und Mörtelgeschäfte können gedruckte Anzeigen, Postwurfsendungen oder andere Nischenwerbung wie Werbung auf Busbänken oder Einkaufswagen für Lebensmittelgeschäfte benötigen. Werbespots im Fernsehen und Radio in lokalen Märkten sind eine weitere Möglichkeit für traditionelle Unternehmen, neue Kunden zu erreichen.

Tempo und Zugänglichkeit.

Online-Shops sind immer verfügbar, und die Kunden können Transaktionen in wenigen Minuten abschließen. Der Weg zu und von traditionellen Geschäften, das Betrachten der Ware, das Gespräch mit dem Verkäufer und sogar das Warten in mehreren Schlangen, um einen Kauf zu tätigen, verbrauchen wertvolle Zeit. E-Commerce-Unternehmen können Waren und Dienstleistungen die ganze Woche und den ganzen Tag lang verkaufen. Woche. Einige traditionelle Geschäfte sind nicht rund um die Uhr erreichbar, bestimmte aber schon. Viele Geschäfte sind am Wochenende geschlossen, und einige haben nur 5 oder 6 Tage geöffnet, sieben Tage.

Kapitel no.8

Verstehen Sie den Betrieb eines Online-Geschäfts.

Die Gründung eines Online-Dessous-Geschäfts kann einige Ähnlichkeiten mit dem Betrieb eines Ladengeschäfts aufweisen; es gibt jedoch viele Überlegungen, die ein Online-Händler anstellen muss, um in der Welt des elektronischen Handels erfolgreich zu sein. Obwohl Sie als reiner Online-Händler keine Miete oder Stromrechnungen bezahlen oder sich um die Reinigung oder Instandhaltung Ihres Ladens kümmern müssen, müssen Sie folgende Punkte berücksichtigen:

- Hosting-Kosten für Websites.
- Cybersecurity
- Wählen Sie die passende Plattform für Ihr Geschäft
- Effektives digitales Marketing betreiben.

Die Gewinnspanne für den Online-Verkauf von Unterwäsche unterscheidet sich wahrscheinlich von der Gewinnspanne für den Einzelhandelsmarkt für Unterwäsche aufgrund der Kosteneinsparungen, die mit einem Online-Unternehmen verbunden sind. Die Preise für Ihre Produkte sollten sich an den Preisen orientieren, die Sie für ähnliche Artikel in anderen Online-Shops sehen. Wenn Sie die Preise so ansetzen, wie sie in den Geschäften verkauft werden, werden Sie weniger verkaufen und folglich weniger Gewinn erzielen. Wenn Sie Online-Dessous als separates Segment Ihres Dessous-Geschäfts und nicht als neues Geschäft verkaufen, sollten Sie die Preise für Ihre Produkte sowohl online als auch im Ladengeschäft ähnlich gestalten. Preisunterschiede können verwirrend sein und bei den Käufern für Aufregung sorgen. Der Prozess der Vermarktung eines Online-Geschäfts unterscheidet sich von der Vermarktung eines Ladengeschäfts.

Wenn Sie ein Online-Geschäft betreiben, werden die meisten oder fast alle Ihrer Marketingaktivitäten elektronisch durchgeführt, z. B. über soziale Medien, Content-Marketing-Anzeigen und Ihre Mailingliste. Die Kenntnis von SEO-Konzepten und effektiven digitalen Marketingstrategien ist für jedes Online-Unternehmen unerlässlich.

Schaffen Sie eine klare Unternehmensvision.

Bevor Sie ein Exposé Ihres Unternehmens verfassen, sollten Sie eine ausführliche Vision Ihres Unternehmens entwickeln. Stellen Sie sich diese Fragen sowie alle Folgefragen, die sich aus Ihren Antworten ergeben:

- Möchte ich meine eigene Lingerie-Linie auf den Markt bringen oder Produkte von anderen Designern verkaufen?
- Handelt es sich dabei um ein reines Online-Geschäft oder um physische Einzelhandelsgeschäfte, wie z. B. ein echtes Geschäft, eine Ladenkette oder sogar Pop-up-Läden?
- Wie hoch ist mein Anfangsbudget?
- Wer ist mein idealer Kunde?
- Was sind meine idealen Käufer, die der Online-Markt für Dessous derzeit bietet?
- Wo kann ich meine Artikel beziehen?

Beginnen Sie bei der Unternehmensplanung mit einem Brainstorming über Namen für Ihr Unternehmen. Schauen Sie im Internet nach, ob es bereits Online-Dessousläden - oder andere Unternehmen - gibt, die denselben Namen tragen wie Sie. Sie können in Ihrem Bundesland kein Unternehmen unter einem Namen gründen, der bereits von einem eingetragenen Unternehmen in diesem Bundesland verwendet wird.

Erstellen Sie den Geschäftsplan.

Eine der wichtigsten Maßnahmen zur Gründung eines Dessous-Unternehmens ist die Erstellung eines effektiven Geschäftsplans. Der Geschäftsplan ist ein detailliertes Dokument, das alles enthält, was der Geschäftspartner, Eigentümer oder potenzielle Käufer über das Unternehmen wissen muss, z. B:

- Der Ort, an dem das Unternehmen seinen Hauptsitz hat
- Das Tagesgeschäft des Unternehmens.
- Wodurch wird die Unternehmensgründung unterstützt?
- Das Team, das das Unternehmen verwaltet
- Die Art und Weise, wie das Unternehmen gegründet wird
- Die Schulden des Unternehmens und die voraussichtlichen Ausgaben
- Die voraussichtlichen Gewinne des Unternehmens
- Welche Produkte und Dienstleistungen bietet das Unternehmen an?
- Informationen über den Markt, auf den Sie abzielen.

Lassen Sie das Unternehmen bei der Steuerbehörde Ihres Bundesstaates (Internal Revenue Service, IRS) und auch bei Ihrem Staat eintragen. Sie können zwar ein Unternehmen betreiben, ohne es bei Ihrem Bundesstaat, der Steuerbehörde und Ihrer Gemeindeverwaltung anzumelden, wenn Sie das Unternehmen als Einzelunternehmer führen, doch ist es im Allgemeinen in Ihrem Interesse, Ihr Unternehmen rechtlich getrennt von Ihnen anzumelden. Wenn ein Unternehmen nicht eingetragen ist und nicht registriert ist, sind das Unternehmen und der Geschäftsinhaber rechtlich die gleiche Einheit.

Erstellen Sie den Shop, den Sie möchten Online Shop erstellen.

Der nächste Schritt bei der Gründung eines Online-Geschäfts für Unterwäsche besteht darin, genau zu bestimmen, was und wo Sie Ihre Produkte online verkaufen werden. Diese Entscheidung wird sich auf die Rentabilitätsspanne auswirken. Die Optionen für Online-Händler sind:

- Einrichten eines Shops bei einem renommierten Online-Händler wie Amazon oder Etsy
- Die Erstellung eines Online-Shops erfolgt über eine Online-Plattform wie Shopify
- Gestaltung einer E-Commerce-Website von Grund auf.

Die Einrichtung eines Verkäuferkontos auf Plattformen wie Amazon, eBay oder Etsy ist die bequemste Methode, um einen Online-Shop für Dessous zu eröffnen. Mit dieser Methode haben Sie keine technische Verantwortung und können Ihre Produkte auflisten und über die Plattform verkaufen. Die Nachteile dieser Methode sind die von der Plattform erhobenen Gebühren und die fehlende Möglichkeit, Ihren Shop individuell zu gestalten.

Die Erstellung einer eigenen E-Commerce-Website gibt Ihnen die Freiheit, Ihren Shop so zu gestalten, wie Sie es wünschen. Der wesentliche Unterschied zwischen Shopify oder einer ähnlichen Plattform und der "from scratch"-Methode ist das erforderliche Maß an technischem Wissen. Bei Shopify müssen Sie nicht programmieren, um Ihre

Website zu erstellen, und Sie sind nicht für das Hosting oder die Sicherheit verantwortlich, da diese im Preis enthalten sind, den Sie an Shopify zahlen. Allerdings müssen Sie sicherstellen, dass diese Kosten bei einer völlig unabhängigen Website abgedeckt sind. Sie bieten jedoch völlige Freiheit, und Sie müssen sich keine Sorgen machen, dass Sie Ihr Geschäft verlieren, wenn die Hosting-Plattform ausfällt.

Werben Sie für Ihr Online-Dessous-Geschäft.
Wenn Ihr Online-Dessous-Geschäft als Erweiterung des physischen Geschäfts betrachtet werden kann, dann können Sie dafür sorgen, dass Ihr Online-Geschäft in Ihrem physischen Geschäft beworben wird. Dies kann mit Bannern und Flyern geschehen, die Ihr Online-Geschäft in Verbindung mit dem Ladengeschäft bewerben. Sie können auch mit exklusiven Aktionen werben, die nur im Geschäft erhältlich sind, z. B. 15 % Rabatt auf den nächsten Online-Einkauf Ihrer Kunden, wenn sie im Geschäft mehr als 50 $ ausgeben. Wenn Sie ein physisches Geschäft besitzen, ist digitales Marketing höchstwahrscheinlich der effizienteste Weg, um für Ihr Unternehmen zu werben. Wenn Sie nicht in der Lage sind, selbst für Ihr Geschäft zu werben, sollten Sie sich mit einer Online-Marketingfirma zusammenschließen, um den Namen Ihres Unternehmens und Ihre Produkte Tausenden von potenziellen Käufern nahe zu bringen.

Die E-Business-Risiken.
E-Business ist eine elektronische Geschäftsform, die über das Internet abgewickelt

wird. Dieses Geschäftsmodell hat an Popularität gewonnen, seit die Technologie mit kleineren und besseren Computern fortgeschritten ist. Heute betreiben viele Unternehmen ihre Geschäfte ausschließlich über das Internet und werden nie ein Ladengeschäft haben. E-Business-Unternehmen sind zwar leicht zu gründen und erfordern nur geringe Kapitalinvestitionen, sind aber dennoch den üblichen Risiken ausgesetzt, die für alle Unternehmen gelten.

Systematisches Risiko.

Systematisches Risiko ist die Bedrohung, der ein Unternehmen durch den gesamten Markt oder das Marktsegment, in dem es tätig ist, ausgesetzt ist. Ein klassisches Beispiel für ein systematisches Risiko in der E-Business-Branche ist der Zusammenbruch der Dot-Com-Unternehmen in den Jahren 2000-2001. Viele E-Business-Unternehmen wurden mit einem Börsengang gegründet und dann von anderen Online-Unternehmen aufgekauft. Die meisten dieser E-Business-Unternehmen hatten nicht genügend Cashflow und konnten keine Gewinne erzielen. Diese Unternehmen setzten mehr auf Wachstum als auf Stabilität, was zum Platzen einer nicht nachhaltigen Wirtschaftsblase führte und mehrere Dot-Com-Unternehmen ruinierte. Diese Art von Systemrisiko wird sich zwar nicht wiederholen, aber in den meisten Marktsegmenten wird das Geschäft in Zyklen expandieren, bevor es sich verlangsamt und schließlich wieder erholt. Unternehmer und Inhaber von Online-Unternehmen sollten sich ihres Marktsegments bewusst sein und für jede Phase des Geschäftszyklus einen Plan ausarbeiten.

Sicherheitsrisiko.

E-Business-Unternehmen sind verschiedenen Risiken in Bezug auf die Sicherheit von Kundeninformationen und Geschäftsdaten ausgesetzt. Hacker und Computerviren versuchen immer wieder, in Online-Unternehmen einzudringen und Kundenidentitäten und Finanzdaten zu stehlen. Aufgrund dieser Sicherheitsrisiken sind Online-Unternehmen gezwungen, Verschlüsselungssoftware und Codes zu verwenden, die es Außenstehenden erschweren, in ihre sicheren Systeme einzudringen. Die mit Online-Transaktionen verbundenen

Sicherheitsrisiken können für Online-Unternehmen zu rechtlichen Problemen führen, da sie die Privatsphäre der Verbraucher gemäß Bundes- und Landesgesetzen schützen müssen. Jede Verletzung des Sicherheitssystems im elektronischen Geschäftsverkehr kann auch das Versicherungsrisiko erhöhen, da die Versicherungsgesellschaften höhere Prämien für Unternehmen mit rechtlichen Problemen verlangen, falls sie sich dafür entscheiden, das elektronische Unternehmen als Kunden zu akzeptieren.

Unternehmensrisiko.

Geschäftsrisiken sind die Risiken, denen Unternehmen bei ihrer täglichen Geschäftstätigkeit ausgesetzt sind. Dazu gehören die Kosten für Bestände, Arbeit, Gemeinkosten oder Probleme in der Lieferkette. Die meisten Online-Unternehmen verfügen nicht über große Lager oder physische Standorte und sind beim Transport von Waren zu den Kunden auf eine Lieferkette angewiesen. Wenn ein Unternehmen für den Vertrieb von Produkten von anderen Unternehmen abhängig ist, kann das Risiko steigen. Das Geschäftsrisiko erhöht sich auch, wenn ein Online-Unternehmen nicht in der Lage ist, sein Inventar schnell und effektiv einzukaufen und durch die Lieferketten zu transportieren.

Fragen für Unternehmerinnen und Unternehmer.

Der Beginn Ihrer unternehmerischen Reise in Richtung "Ihr eigener Chef sein" ist eine aufregende Aussicht. Stellen Sie sicher, dass Sie neben all Ihren Recherchen auch Ihre Situation und den Beruf, in dem Sie tätig sind, genau unter die Lupe nehmen.

Einige Fragen, die Sie sich stellen sollten.

- Habe ich den Charakter oder das Temperament, die Welt nach meinen Vorstellungen zu erobern?
- Habe ich die Atmosphäre und die Ressourcen, um meine ganze Energie in mein Unternehmen zu stecken?
- Habe ich einen Plan für den Ausstieg mit einem klaren Zeitrahmen, falls mein Unternehmen nicht funktioniert?
- Bin ich in der Lage, einen klaren Plan für die kommende "x"-Zeit zu erstellen? Oder werde ich auf halbem Weg aufgrund finanzieller, familiärer oder anderer Verpflichtungen auf Herausforderungen stoßen? Habe ich einen Aktionsplan oder einen Plan zur Bewältigung dieser Hindernisse?
- Verfüge ich über ein Netzwerk, um bei Bedarf Unterstützung und Beratung zu erhalten?
- Bin ich in der Lage, konstruktive Brücken zu Mentoren mit Erfahrung zu schlagen, um von deren Erfahrungen zu profitieren?
- Habe ich den Entwurf einer vollständigen Risikoanalyse fertiggestellt, einschließlich der Abhängigkeit von externen Variablen?
- Habe ich den Wert meines Angebots bedacht und wie es auf dem Markt platziert werden kann?
- Wenn mein Produkt ein bereits auf dem Markt befindliches Produkt ersetzt, wie werden meine Konkurrenten reagieren?

- Ist es zum Schutz meines Angebots sinnvoll, ein Patent zu erwerben? Habe ich die Möglichkeit, die Zeit dafür aufzubringen?
- Habe ich eine klare Vorstellung von meinen Hauptkunden für die Anfangsphase? Habe ich Pläne zur Skalierbarkeit für die Expansion in größere Märkte vorbereitet?
- Habe ich die Verkaufs- und Vertriebswege identifiziert?

Fragen, die über externe Faktoren hinausgehen:

- Entspricht mein Vorhaben den örtlichen Gesetzen und Vorschriften? Wenn es vor Ort nicht machbar ist, könnte und sollte ich dann in ein anderes Gebiet umziehen?
- Wie lange dauert es, bis ich die erforderlichen Genehmigungen von den zuständigen Behörden erhalte? Habe ich die nötige Ausdauer, um diese Zeit durchzuhalten?
- Habe ich einen Plan, um das Personal und die Ressourcen zu beschaffen? Habe ich die Kosten dafür im Blick?
- Wie sieht der Zeitplan für die Markteinführung des Prototyps oder die Aufnahme des Betriebs der Dienste aus?
- Wer sind meine wichtigsten Kunden?
- Welche Finanzierungsquellen muss ich ansprechen, damit das Projekt erfolgreich ist? Ist meine Idee gut genug, um die Aufmerksamkeit potenzieller Investoren zu erregen?
- Wie sieht die technische Infrastruktur aus, die ich benötige?

- Werde ich nach der Gründung des Unternehmens das Geld haben, um es auf die nächste Stufe zu bringen? Ist es wahrscheinlich, dass andere bedeutende Unternehmen meine Idee übernehmen und mein Unternehmen zerstören werden?

Schlussfolgerung:

Nach der Definition von Merriam-Webster ist ein Unternehmer "jemand, der ein Unternehmen oder einen Betrieb plant und dessen Risiken verwaltet". Sie müssen oft mehr Risiken auf sich nehmen als der typische Geschäftsmann und ernten dafür möglicherweise größere Gewinne. Wirtschaftswissenschaftler erkennen das Unternehmertum als eine wichtige Ressource für die Produktion an. Unternehmer setzen Land, Arbeit und Kapital ein, um durch die Bereitstellung von Produkten und Dienstleistungen einen Beitrag zur Wirtschaft zu leisten. Für die meisten neuen Projekte erstellen Unternehmer einen Geschäftsplan, in dem die notwendigen Ressourcen für die Einstellung, die Finanzierung und die Ausrichtung des neuen Unternehmens festgelegt werden. Die Kapitalbeschaffung ist für Unternehmer, die ihre Unternehmungen gerade erst beginnen, oft schwierig, so dass sie in der Regel klein anfangen und ihre Mittel in das Projekt investieren. Einige Unternehmer starten ihre Projekte selbständig und gehen das Risiko ohne Unterstützung ein. Einige suchen jedoch nach Partnerschaften. Mit den Vorteilen von mehr Finanzmitteln und Krediten expandieren die Unternehmen in der Regel schneller und erzielen enorme Erfolge.

Es ist nicht erforderlich, dass Sie Ihr gesamtes Geschäft über das Internet abwickeln, um von den Online-Geschäftsmöglichkeiten zu profitieren.

Kleinere Unternehmen benötigen vielleicht nur eine E-Mail-Adresse, um mit ihren Kunden, Auftraggebern und Lieferanten per E-Mail zu kommunizieren. Einige Unternehmen können auch ihre Website für ihre gesamten Online-Aktivitäten nutzen. Zu den vielen Vorteilen von Online-Unternehmen gehören:

- weltweiter Zugang, rund um die Uhr, sieben Tage, sieben Tage
- Bessere Kundenbetreuung durch mehr Flexibilität
- Kosteneinsparungen
- schnellere Lieferung von Waren
- größere Professionalität
- weniger Papierverschwendung
- die Möglichkeit, das Geschäft Ihrer Wahl von jedem Ort der Welt aus zu verwalten.

Kunden besuchen vielleicht lieber Ihre Website, um mehr über Ihre Angebote und Dienstleistungen zu erfahren, als Sie persönlich zu besuchen. Sie sollten auch die Adresse Ihrer Website und Ihre E-Mail-Adresse auf Visitenkarten und anderem Werbematerial nachschlagen. **Unternehmer sind diejenigen, die Arbeitsplätze schaffen, die Unternehmen entwerfen jedes Produkt oder jede Dienstleistung, die wir regelmäßig nutzen.**

Serie: Reichtum 2022.
1. Online-Unternehmertum.
2. Ihr eigenes Unternehmen gründen
3. Vermögensverwaltung
4. Passives Einkommen.

www.ingramcontent.com/pod-product-compliance
Lightning Source LLC
Chambersburg PA
CBHW070242220526
45465CB00004B/1489